三星堆

失落的古蜀文明

屈小强 著

北京理工大学出版社
BEIJING INSTITUTE OF TECHNOLOGY PRESS

版权专有　侵权必究

图书在版编目（CIP）数据

三星堆：失落的古蜀文明 / 屈小强著 . -- 北京：北京理工大学出版社，2024.11.
ISBN 978-7-5763-4495-0

Ⅰ . K878.214

中国国家版本馆 CIP 数据核字第 2024ZJ6028 号

责任编辑： 申玉琴　　**文案编辑：** 申玉琴
责任校对： 刘亚男　　**责任印制：** 李志强

出版发行 /	北京理工大学出版社有限责任公司
社　　址 /	北京市丰台区四合庄路 6 号
邮　　编 /	100070
电　　话 /	（010）68944451（大众售后服务热线）
	（010）68912824（大众售后服务热线）
网　　址 /	http：//www.bitpress.com.cn
版 印 次 /	2024 年 11 月第 1 版第 1 次印刷
印　　刷 /	天津睿和印艺科技有限公司
开　　本 /	880 mm×1230 mm　1/32
印　　张 /	9
字　　数 /	177 千字
定　　价 /	69.80 元

图书出现印装质量问题，请拨打售后服务热线，负责调换

序章：追寻古蜀文明

蚕丛及鱼凫，开国何茫然！

尔来四万八千岁，不与秦塞通人烟。

——李白《蜀道难》

的确，古蜀人来自何方？如何进入成都平原？何时建都立国？它与包括中原殷人在内的四邻关系如何？……这一串历史文化之谜，在旧时人们眼里，同直上天际、云遮雾绕的古蜀道一样，是神异诡谲、不可捉摸的。

据扬雄或谯周所撰的《蜀王本纪》讲，古蜀国最先称王的，有蚕丛、柏濩、鱼凫、杜宇、开明。当时蜀人头椎髻，衣左衽，不懂得文字，没有礼乐制度。

常璩《华阳国志·蜀志》也说，蜀人立国，从人皇时代就开始了，与巴人同处一个地域。后来黄帝为他的儿子昌意娶蜀山氏部落女为妻。昌意和蜀山女生的儿子叫高阳。黄帝封昌意—高阳这一脉子孙在蜀国世代为侯、伯。以后历经夏、商、周三代。周武王讨伐商纣王时，蜀国曾派兵参加伐纣之战。

中国古代神话中的人皇[1]，历 150 世，合 45 600 年。扬雄、常璩们的这些半神半史的记载，亦跟前引李白《蜀道难》诗一样，使人觉得过于夸张而半信半疑。即便以黄帝之世而言，其也在夏、商、周三代之前，大约属新石器时代晚期的父系公社制社会；说那个时候蜀已立国封侯、封疆裂土，显然有悖常识。许多学者因此将它株连到三代之世的"蜀"，以为那不是四川的蜀；蜀人在川立国，只是进入战国以后的事；《蜀王本纪》《华阳国志·蜀志》里的相关记载，不过同"夜郎自大"相类，是蜀人（如扬雄、谯周、常璩等蜀中大文学、大史学家）自大自美，在那里吹牛打诳……

一直到 20 世纪二三十年代以后，随着广汉月亮湾商周玉石器的出土，随着新繁水观音商周遗址、成都十二桥商周遗址、彭县（今彭州市）竹瓦街商周青铜器窖藏的发现，特别是 1986 年和 2020—2022 年对三星堆遗址的两轮大发掘，这才使包括川人在内的国人以及整个世界触摸到三四千年前古蜀的灿烂文明——那是一个真真切切、实实在在、满目琳琅、满眼辉煌的存在！人们终于发现，在广汉月亮湾—三星堆地段这处面积不过 12 平方千米的古遗址内，已拥有青铜文明、城市文明、礼乐祭祀文明等比较丰富的文明形态，已拥有比较发达的农业、手工业、商业交通与文化艺术，已拥有比较复杂的王权—神权体系，呈现出一种"古文化、古城、古国"的清晰画貌。它告诉人们，这里就是古蜀文明的源头（至少也是一个主要源头），这里就是古蜀文明的一个生长点，这里曾拥有一个无比璀璨夺目的可与同时期任何

---

[1] "三皇"之一。

一处文明（包括中原殷墟文明）媲美的早蜀文明——三星堆文明。它上起新石器时代晚期，下迄商末周初，时间跨度近两千年之久。它是在今天的四川腹地内土生土长起来的方国文明，有着自身的发生背景和发展规律，自成体系，特色鲜明，富有创造力与生命力。过去人们常说的从春秋战国至西汉前期的巴蜀文明，当是对它的一种继承和发展。它在夏商之世及周初，以成都平原为辐射中心，影响力向北曾达到汉水流域与渭水上游，向东远及今宜昌长江两岸，向南则深入青衣江、大渡河流域。[1] 此外，它还通过古栈道、古长江及其支流水系、古蜀布之路等四通八达的交通网络，将黄河文明、长江中下游文明以及南亚、西亚文明及其以远的诸文明的优秀成分或合理因素大方地采借过来，用来发展和壮大自己。当然，它发展、壮大的过程，亦是不断融入中华文明多元一体大格局的过程。因此，三星堆文明—古蜀文明虽地处四川盆地，周围大山环抱，却并不封闭四塞，并无"盆地意识"。

1995—2003 年，考古工作者在成都平原陆续发掘出包括新津县龙马乡宝墩古城，都江堰市青城乡芒城古城，温江区（今温江区）万春乡鱼凫古城，郫县（今郫都区）三道堰镇三道堰古城，崇州市双河古城、紫竹古城，大邑县盐店古城、高山古城在内的史前古城址群，年代约为公元前 2600 年—公元前 1700 年；2001 年 2 月，在成都西郊金沙村发现了年代略晚于三星堆遗址的商周遗址。它们像众星捧月一般，拱卫着距今三四千年的三星堆古城址。

1　在上述地区，考古工作者曾发现与三星堆古蜀文明面貌相类甚或一致的文化因子。

三星堆遗址、金沙遗址、成都平原史前古城址群等的考古发现表明：以广汉—成都为中心的成都平原与包括岷山—岷江河谷在内的川西高原东缘也是长江文明乃至中华文明的重要源头之一，中华文明的起源呈现出一种满天星斗式的多元化特点。

2023年6月2日，习近平总书记在文化传承发展座谈会上的讲话中深刻地指出：

> 中华民族具有百万年的人类史、一万年的文化史、五千多年的文明史。……如果没有中华五千年文明，哪里有什么中国特色？如果不是中国特色，哪有我们今天这么成功的中国特色社会主义道路？只有立足波澜壮阔的中华五千多年文明史，才能真正理解中国道路的历史必然、文化内涵与独特优势。[1]

以三星堆为代表的古蜀文明亦是属于中华五千年文明相当璀璨的一部分，将这样一段历史文明介绍给今天的人们，介绍给今天的世界，当是富有积极意义的。过去，早蜀文明也同西周共和元年（公元前841年）以前的文明一样，被人们认为"处于扑朔迷离的雾霭之中，神话与传说杂陈，不见科学面目"。而今，以三星堆遗址为代表的四川以及四川以外地区的一大批早蜀文明遗址的相继发现，无疑为我们廓清早蜀文明的迷雾提供了坚实的基础。在这个基础上，我们是否也可以像国家"夏商周断代工程"曾经做过的那样，亦采用自然科学和

---

[1] 习近平：《在文化传承发展座谈会上的讲话》，《求是》2023年第17期。

人文、社会科学相结合的办法，进行历史学、考古学、天文学和测年科学等学科的交叉研究，估定出秦惠文王并巴蜀（公元前316年）以前的古蜀文明时期（即早蜀文明）的比较可靠的年代框架（或者基本年代框架）呢？——这是一个美好的愿景，能否达到，还需要各学科专家众心如城、锲而不舍的艰苦努力。正所谓，蓬山虽远，青鸟可凭。

费孝通说："每个人的'当前'，不但包括他个人'过去'的投影，而且是整个民族的'过去'的投影。历史对于个人并不是点缀的饰物，而是实用的、不能或缺的生活基础。……我们不但要在个人的今昔之间筑通桥梁，而且在社会的世代之间也得筑通桥梁，不然就没有了文化，也没有了我们现在所能享受的生活。"[1]我们中国人普遍具有强烈的祖先意识，喜欢追问过去。古蜀人是何等面貌？从哪里来？又到哪里去了？史籍中语焉不详，可是在三星堆里应该能够找到答案（或部分答案）。三星堆埋藏有太多的宝贝，也埋藏有古蜀人、古蜀文明太多的信息。去三星堆访古，寻根问祖，终归的指向，还是为了筑通连接远方的桥梁，创造诗意的幸福生活。追寻之路虽不乏艰辛与挑战，却有趣得很，沿途惊喜不断，风景撩人。这正是：

雒水渺渺犹问客，天门巍巍却识君。

---

[1] 费孝通，《乡土中国》，中国青年出版社2022年版，第19页。

目录

第一章：发掘之旅

　　三星堆遗址的"扛把子"·2

　　考古界的海啸——黄金权杖出土·11

　　古老遗址上的青春风暴·23

　　三星堆遗址考古成果在世界上响当当！·35

第二章：天门之问

　　一夜消失的古蜀人是什么来头？·50

　　鱼凫氏：一个吃自己图腾的部落·61

　　谁家给人开窍用斧子劈？·67

　　谁是大自然的骄子？·72

　　太阳神话与鸟形象·82

　　竹崇拜和川西林盘·96

　　惊世青铜神树，竟是通往神秘之地的天梯？·109

第三章：城市之光

绝世黄金权杖：谁能掌控它的力量？·118

三星堆古城：唤醒另一个宇宙·122

破译图符：即将开启神秘世界的大门·130

青铜面具：进入灵魂世界的媒介·133

谁是"古代乐坛之王"？·142

第四章：食货之作

养蚕为本的蚕丛氏·154

以盐立国的鱼凫族·165

教化务农的杜宇帝·175

以酒为祭的开明帝·183

海贝成为货币的进阶之路·188

世界金属铸币之祖——三星堆铜贝·195

徙治成都后的桥形币·200

大石璧的两种用途：货币和权衡器·204

西南商道与蜀布之路·207

东北商道和千里栈道·212

第五章：匠心之构

玉石器里的琢磨技艺·222

竹木匠的巧夺天工·232

金面罩下的"中国漆"·235

织机上的功夫·248

青铜器的文化密码·260

第一章：
发掘之旅

三星堆遗址的"扛把子"

1921—1934年，是中国考古的早春时候，也是三星堆或者说是月亮湾的早春时节。

1921年，瑞典学者安特生在河南渑池发掘了仰韶村遗址，中国田野考古工作由此揭开序幕。1926年，中国学者李济在山西夏县主持调查并发掘了西阴村遗址，这是中国人最早独立进行的田野考古发掘，意味着具有真正意义的中国现代考古学的建立。1928年，中国学者吴金鼎在山东章丘城子崖发现龙山文化遗址。也是在这一年，中国学者李济、梁思永等在河南安阳开始发掘商代后期都城遗址——殷墟。1929年，裴文中在由中外学者于1927年共同发掘的北京周口店遗址里发现了北京人的头骨化石。1931年，梁思永从安阳后冈遗址的地层关系中揭示出仰韶文化、龙山文化和殷商文化的年代先后序列，初步理清了黄河流域史前时代文化和历史时代早期文化的基本轮廓……

中国科学考古诞生伊始就将一股撩人的春风吹向世界，也吹动了苍莽的西北大漠[1]，拂动了秀丽的西南山川，震动了四川盆地内的一座小村庄——月亮湾（今真武村）。

月亮湾在富饶的成都平原的广汉县（今广汉市）中兴乡（以后相继更名为南兴镇、三星堆镇）的两河（鸭子河、马牧河）夹包中，地

---

1 1927年5月，以徐炳旭为代表的中国学术团体协会与以斯文·赫定为代表的瑞典等国考古学家组成的中瑞联合西北考察团，开始了历时8年的中国西北地区考察活动。

势隆起，弯如月牙。在月亮湾内，矗立着一株颇有岁月的黄葛树，高大挺拔，孤傲苍劲，被当地人称为"风水树""黄葛将军"。后来，轰动中外的三星堆与月亮湾隔河（马牧河）相望，相偎相依，长久以来，就有了"三星伴月"的美誉，被视为广汉的"风水中心"，成为当地"八大景观"之一。

三星堆在马牧河南岸的河湾处，与月亮湾同属中兴乡。这里原有三座长数十米至百余米、高5米至8米不等的高大黄土丘，沿河畔台地一字排开，宛若金星在地，所在村落遂得名"三星村"。

1929年春，一个阳光明媚的日子，月亮湾农民燕道诚祖孙三人，在离家不远的林盘地沟边淘车水坑，准备安放水车。燕道诚之子燕青保淘着淘着，突然"砰"的一声，锄头碰在一块石头上，泥浆溅了他一脸。他再挖，又是"砰"的一声闷响，震得他虎口发麻。青保勾身扒开泥巴一看，好一块白生生的大石环，口径足有一尺半。燕道诚闻声跳下沟，轻轻撬开石环。啊！一大堆色彩斑斓的玉石器出现在面前，他和儿子都惊呆了。过了好一阵，燕道诚才回转神来，赶忙将石环按原状盖好，覆上泥巴。他们相信下面还埋有金银财宝。

当晚，时过二更，月黑风清，夜深人静。燕家五口全部出动，悄悄前往挖掘取宝，终未见有心目中以为的更为珍贵的金银财物。他们清理眼前的器物，计有璧、璋、琮、圭、圈、钏、珠、斧、刀及玉石半成品等400余件。

以后的一两年间，燕道诚又陆续做了一些发掘，但因地处"风水宝地"，至多挖到7英尺（2.13米）深，就不敢继续挖了。后来，燕青保曾对前来发掘的华西大学博物馆（即华西协合大学古物博物馆，今四川大学博物馆前身）馆长、美籍教授葛维汉讲，因当时坑挖得太深，他和父亲燕道诚都得了一场大病，几乎死亡，幸好及时住手，不然，燕家定会爆发一场更为厉害的瘟疫。大致是出于"折财免灾"的原因吧，燕道诚将他的"意外之财"只自留很少一部分，大多向亲邻朋友广为分送……

1931年春，正在广汉县（今广汉市）传教的英籍牧师董宜笃得知此事，意识到这批器物定不寻常，便急急告知当地驻军陶凯旅长，要求"做必要的宣传，尽快寻回散失器物，以便把它们保存下来"。陶旅长欣然应允，表示愿意积极过问。几天后，他便向燕道诚借来5件玉石器交给董宜笃。董宜笃不敢怠慢，匆匆携玉石器赶回成都，交华西协合大学美籍教授、地质学家戴谦和鉴定。戴谦和当即就断定其为商周之物。

这年6月间，戴谦和、董宜笃与华西协合大学摄影员晋先生从成都赶赴广汉，在陶旅长的协助下，对月亮湾遗址进行了考察、摄影。

1932年秋，成都著名的金石鉴赏家龚熙台也从燕道诚处购得玉器4件，大为赞赏，称"价值连城"。龚熙台此说一出，立时在成都古董商中引起躁动，他们纷纷奔赴广汉找燕道诚购买玉器……成都古董

1929年首先发现月亮湾文物的燕道诚（左）、燕青保父子

市场被"广汉玉器"搅得沸沸扬扬。有些古董商为了赚钱,甚至制造赝品出售,致使"广汉玉器"出现鱼龙混杂、令人真假莫辨的情况。

这年,华西大学博物馆葛维汉教授"以广汉遗物颇有考古价值,乃函询董君发现详情,复亲至其地考察,并商得县长罗雨苍氏及省政府教育厅之同意,从事科学化之发掘,旋因他事牵延未果"(郑德坤:《四川古代文化史·广汉文化》)。

成都考古学界对广汉玉器的兴趣,引起了广汉县(今广汉市)县长罗雨苍的重视。此时,因为大批古董商云集广汉,使得当地百姓群起发掘玉石器。罗雨苍得报后,当即下令保护月亮湾遗址,不准自行乱挖乱掘。1934年3月初,罗雨苍以县政府的名义邀请葛维汉率华西大学博物馆科学发掘队前来发掘遗址,其全部组织工作,则由罗本人出面主持。

3月16日,发掘工作正式展开,领导发掘者除葛维汉外,还有华西大学博物馆馆员林名均。当时社会治安十分混乱,时有土匪夜间抢劫"肥猪"(富豪)事件发生。为了防备土匪干扰发掘工作,罗县长派出80名士兵日夜保护发掘工作队和发掘现场,另外派县政府李先生率领一行7人的县府工作组参与发掘现场组织及保卫工作。不过,发掘工作终因

1934年参与月亮湾发掘的华西大学博物馆馆员林名均(左一)、广汉县(今广汉市)政府特派员萧仲源(左二)

"邻近匪风甚炽",只进行了10天便告结束,开出数条长40英尺(12.19米)、宽5英尺(1.52米)的探沟,共获得各种玉、石、陶器600多件。事毕,当葛维汉、林名均将它们全部移送县政府过目时,罗县长慷慨地说:"这些器物很有科学价值,把它们送给华西大学博物馆。"

这年,陶旅长将燕道诚售出的5件玉器(燕将最先借出的5件玉器转售给了陶)也赠予华西大学博物馆,燕道诚本人则将珍藏数年的一件大石璧和一柄琬圭等无偿捐献给博物馆。

尔后,戴谦和即在《华西边疆研究学会会志》第4卷上,发表题为"四川古代石器"的研究文章,详细地考察了陶旅长和燕道诚所赠的玉石器的年代和性质。

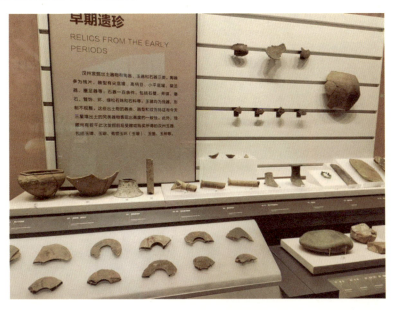

1927年和1934年月亮湾出土文物

1936年，葛维汉经与瑞典考古学家安特生发掘的河南渑池仰韶村、辽宁锦西沙锅屯及李济发掘的河南安阳殷墟的出土文物两相对照，整理出历史上第一份有关广汉古蜀文明遗址的考古发掘报告——《汉州发掘初步报告》，发表在《华西边疆研究学会会志》第6卷上。林名均也写出《广汉古代遗物之发现及其发掘》，于1942年发表在《说文月刊》第3卷第7期上。1946年，华西协合大学以"华西大学博物馆专刊之一"的名义出版了郑德坤的《四川古代文化史》，其第四章即为《广汉文化》专章[1]。当时的中国学者（以林名均为代表）、在中国工作的外国学者（以戴谦和、葛维汉为代表）、中国普通老百姓（以燕道诚为代表）、中国地方官员、地方军队将领，抱着对中华文明强烈的自信心和热烈的向往之情，为"广汉文化"（后来发展为"三星堆文化"）的发现与建立，为古蜀文化研究领域的拓展与深入，自觉地担负起"筚路蓝缕，以启山林"的义务，自觉地参与并奉献其中；其事迹与精神感人至深，至今使人怀念不已。而他们当初的发现与见识（包括那时远在日本的郭沫若的见识），竟与20世纪90年代甚至其后一二十年的学者的相关研究"所见略同"，则不能不令人惊讶与感叹！

最为典型的是葛维汉的广汉发掘简报，他在其中写道：

---

[1] 1957年，英国剑桥大学还出版了郑德坤的《四川考古论文集》，1982年，香港中文大学亦出版郑氏的《中国考古学研究集》，皆论述了"广汉文化"并发表了多幅广汉玉石器照片。

这次发现的器物，至少对研究古代东方文化和历史的学者们提供了三种情况。第一：随葬器物可以帮助我们了解古代的葬俗、社会和宗教习俗。第二：玉、石器以及器物上的纹饰，颇能引起考古学家的兴趣。第三：出土的大量陶片，为研究四川古代陶器提供了重要资料。

　　我们已经指出，那个令人瞩目的发现是在一个挖掘七英尺（2.13米）长、三英尺（0.91米）深的墓坑内出土的，而且几乎所有的墓葬大小大致如此。玉刀、玉凿、玉剑、方玉以及玉璧等礼品，周代时均系死者的随葬品，玉珠也为死者的随葬物。如果我们假设它是古墓这个结论正确的话，我们认为在四川古墓中发现的器物，大约为公元前1000年的时期。

　　墓坑里发现的器物有绿松石、绿石或粗糙的穿孔玉珠。从玉珠的两端进行钻孔，接近玉珠半心处的孔径较小。另外还有八十多件小青玉片，因为考虑到它们一般作为装饰品粘牢在木制或皮制品上，没有串联或缝入的孔洞。这些玉刀、玉剑、玉凿等显然是祭祀用的，周代实行祭祀天地大典时，方玉象征"地"，玉璧代表"天"。

　　…………

　　广汉文化与华北和中原地区已知的新、旧石器时代文化之间的联系与传播很清楚地看到证据。广汉的非汉族人民受华北和中原地区的早期文化影响颇深，或者是四川的汉人或汉文化比前人所定的时期还要早些。

　　目前的这些资料，也只能停留在暂时假设阶段，待将来找到更

第一章：发掘之旅

多的考古证据，以及广汉收藏品极为详细的第一手材料与中国其他地区的早期收藏品比较后，再来改变或确定结论。我们考虑广汉文化下限系周代初期，大约公元前1100年，但是更多的证据可以把它提前一个时期，其上限为铜石并用时代（新石器时代向青铜时代过渡的时期，意译为铜石并用时期——译者）。我们这次在四川广汉县（今广汉市）遗址发现的玉器、随葬物和陶器系年代很早的标本。[1]

广汉发掘的消息传到日本，使彼时旅居东瀛的中国著名历史学家、考古学家郭沫若兴奋不已。很快，林名均和葛维汉即收到郭沫若的来信，要求赠予广汉发掘的全部照片和器物图形，林名均和葛维汉则一一照办，毫无保留。1934年7月9日，郭沫若回信向林名均、葛维汉表达谢忱，并大谈他对"汉州遗址"的看法，行文中充满了对哺育他成长的故乡山水的深切眷恋；同时也看得出他当时的眉飞色舞及自豪之情——对家乡古蜀文化的灿烂和悠久的喜悦！

郭沫若的这封信全文如下：

林名均先生：

很高兴接到你和葛维汉先生的信，谢谢你们的好意，送给我如此多的照片、图片以及戴先生发表在《华西边疆研究学会会志》上的文章，并且告诉我有关发掘的详细情况。你们真是华西科学考古的先锋队，我希望将来你们能取得更大的成绩，研究古代的遗迹和

---

[1] 简报由沈允宁翻译，载于《成都文物》1994年第1期。

建筑、雕刻、坟墓和洞穴,这一工作将产生丰硕的成果。与此同时,我也希望今后会有一系列的发掘以探索四川的史前史,包括民族、风俗以及他们与中国其他地区相接触的历史。这些都是十分重要的问题,我很遗憾,我不能归国协助你们的发掘。

你们在汉州发现的器物,如玉璧、玉璋、玉圭均与华北、华中发现者相似。这就是古代西蜀曾与华中、华北有过文化接触的证明。"蜀"这一名称曾先发现于商代的甲骨文,当周人克商时,蜀人曾经前往相助。此外,汉州的陶器也是属于早期的类型。你们认为汉州遗址的时代大约是西周初期的推测可能是正确的。如果将来四川其他的地方尚有发掘,它们将显示出此文化分布的区域,并提供更多的可靠的证据。

根据你们的要求,我将我写的两本有关中国考古学的书送给你们,并且请书店直接将最近出版的一本送博物馆,另一本送葛维汉先生。以后如有新作,我也将再送给你们。

沫若[1]
1934年7月9日

1　此信由四川大学童恩正教授翻译,载于《三星堆图志》,四川人民出版社2005年版。

考古界的海啸——黄金权杖出土

20 世纪 30—40 年代,可谓三星堆文化研究的草创阶段,虽属星星之火,但其启明奠基之功,却至今犹令人景仰、嗟叹!然而,限于那个时代、那个社会的状况,郭沫若及月亮湾发掘者们的推测并不能够得到进一步的有力佐证,尚只能停留在期盼之中。

1949 年,中华人民共和国成立,中国考古发掘与考古研究的历史也掀开了生机勃勃的崭新一页。1953 年,随着新中国社会主义建设的号角吹响,"天成铁路文物古迹保护委员会"在成都正式成立,由天成铁路(后来改成宝成铁路)工程政治部主任龙光瀛任主任委员,西南博物院院长、著名考古学家冯汉骥教授任副主任委员。其下设工作队,沿拟建铁路沿线驻扎,调查清理与保护文物古迹。

冯汉骥教授上任伊始,即专程去广汉调查——20 年代至 30 年代月亮湾的考古发现,仍使他念念不忘。那时(1953 年)追随冯汉骥前往广汉的工作队员中,就有四川考古界元老、著名考古学家王家祐先生——当时他还年轻。他们"在鸭子河边漫步察看土层,无所获"。1955 年,受省文化局派遣,王家祐又偕江甸潮一道,再赴广汉调查。1956 年,王家祐身背一个简单的行李包,三赴广汉,干脆住到月亮湾燕家,与年过七旬的燕青保对榻而眠,长夜倾谈,竟结为忘年之交。在他的动员下,燕青保从田埂边挖出一家三代深藏 20 多年之久的玉琮、玉瑗、玉钏和玉磬等珍贵文物——它们是 20—40 年代广汉出土的古蜀文物中最有价值的部分——献给国家。1958年,王家祐与江甸潮作为省博物馆的研究人员四赴广汉,调查了整整一个月,特别在月亮湾至北中兴乡的三星堆一带盘桓良久,仔细踏勘和试掘,发现三星堆文化层内涵与月亮湾竟然一致。他俩当即建议广汉县(今广汉市)有关部门加以保护。他俩的调查结果,后来形成那篇颇有影响的《四川新繁、广汉古遗址调查记》,发表在《考古通讯》1958年第8期上。在这篇调查记里,他俩向考古学界发出了进一步调查、认识与研究"广汉文化"的呼吁。

之后,四川大学历史系考古教研室和四川省文物管理委员会又于1959年及1963年先后两次来到月亮湾,收集和挖掘出一些玉石器。1963年那次,他们在1934年发掘的基础上,将月亮湾文化层[1]再细分成上下两层,分别定属为商代和西周早期。当时,身兼四川省博物馆馆长与四川大学历系考古教研室主任等职的冯汉骥教授站在月亮湾的发掘现场,遥指与其一河(马牧河)相隔的三星堆说:"这一带遗址如此密集,很可能是古蜀国的一个中心都邑。"他还和他的助手童恩正先生做出推测:月亮湾古遗址很可能是古蜀国杜宇氏的玉石器作坊。由于开明氏的突然政变,人们在仓促中将所有的东西埋藏起来,保存至今。

后来的调查发掘证明,冯汉骥以及王家祐等的预见是大体正确的。1976年9月,冯汉骥指导童恩正写出了《记广汉出土的玉石器》一文,对广汉出土玉石器进行了一次全面系统的清理与研究,进一步指出:

1　葛维汉、林名均将月亮湾遗址分作农耕土、文化层与生土层三种。

第一章：发掘之旅 13

这里文化层的堆积很厚，范围也相当广泛。很可能此处原来是古蜀国一个重要的政治经济中心，而发现玉器的地点，即为其手工业作场所在

20 世纪 50 年代初，积极参加考古调查并上交早年出土文物的燕青保与家人合影

地，历年来出土的玉石成品、半成品和石坯，应该就是这个作场的遗物。

这篇文章，由冯汉骥、童恩正联合署名，同时发表于《文物》1979 年第 2 期及《四川大学学报·哲学社会科学版》1979 年第 1 期上。其时上距冯汉骥逝世两年余，而下离三星堆遗址的正式发现则只有一年了。

1980 年春，南兴镇二砖厂工人在三星堆坡地取土制砖坯时，在耕作层下二三十厘米深处，挖出了大量陶片和少量石器。曾在湖北宜都县（今宜都市）红花套发掘过 5 000 多年前古遗址的广汉县（今广汉市）文化馆敖天照发现，这些文物与红花套所出土的颇为类似，立即报告了省文管会。这年 4 月，四川省博物馆副馆长王有鹏会同广汉县（今广汉市）文化馆人员，详细考察了三星堆，认定这里是一个重要的文

化遗址，并于 5 月开始试掘，果真出土了一批陶、瓷器。同年 10 月，四川省文物考古研究所考古工作队进驻三星堆遗址，开始正式发掘；到 1981 年 5 月，即挖出豆、罐、盆、杯、碗、壶、勺、网坠等陶器和锛、凿、锥、矛、刀、杵等石器数百件。更为重要的是，这次发掘还第一次在成都平原上清理出属于商周时期的且带有浓厚的西蜀特色的房屋[1]基地 18 座、灰坑 3 个和墓葬 4 处。

1982 年 3 月—1984 年 5 月，考古工作队继续在这里发掘，找到了更晚的文化层，它类似于最早发现的蜀文化的新繁水观音遗址，这就为研究蜀文化的发展提供了可靠的线索。

1986 年 3 月 1 日，已是仲春时节，以往连数九寒天也鲜见雪花的川西坝子，这天却纷纷扬扬地下起一场鹅毛大雪。也正是在这一天，由四川大学历史系林向副教授及省文物考古研究所陈德安助理研究员共同主持的，历史上最大规模的三星堆考古发掘揭开了序幕。川大历史系考古专业的师生们和省考古工作队，顶着刺骨寒风扫除积雪，以当时残存的半个"三星堆"为基准，进行网格布方。待到菜花飘香、蜂蝶乱舞的时节，他们已挖完 53 个探方，总面积达 1 325 平方米；在厚 2.5 米的 16 个文化层内，共发掘出 9 座房屋遗址、101 个灰坑、10 万多块陶片和 500 余件铜、陶、玉、石、漆器等。其出土的陶器，有类似中原出土的陶盉、陶甗、陶豆，又有具有地方特色的小平底器陶盉、陶瓮、陶钵、陶壶，还有制作精美的饮具、炊具和酒器。其中有 10 多件制作精致的鸟头陶柄勺，特别引人注目。

1　"木骨泥墙"和有穿斗夹壁的厅堂。

这次发掘证明，三星堆和月亮湾方圆 6 000 平方米内出土的文物和房屋遗址的特征相同，它们应是古蜀文化遗址的两个有机部分。而其 16 层探方土质，经碳十四测定最早年代距今 4 800 年左右。探方的剖面则成为川西平原近 5 000 年来演绎进化的世纪标尺。

　　三星堆遗址的重大发现，引起了各级领导和学术界的重视。中宣部原副部长廖井丹看了三星堆出土文物后说，这个遗址是研究古蜀文化时代最早、面积最大的遗址，一定要保护好。中国社会科学院考古研究所研究员苏秉琦先生则说，多年来对四川的古文化一直心中无数，现在看到这许多文物，就看到巴蜀文化了。

　　不久，一个引起整个考古界更大骚动和振奋的日子到来——1986 年 7 月 18 日上午 8 点过，砖厂工人杨运洪、刘光才等在三星堆土堆附近正起劲地挖土方取砖泥，突然"砰"的一声，一些脆东西被挖烂，向四周溅去。一位工人捡起一看："啊！是玉！"原来是一根 40 厘米长的玉璋被挖碎了。考古队队长陈德安等闻讯赶到现场，立即封闭了这个埋藏点，并报告省文管会和中共广汉县（今广汉市）委。接着，他们很快找来晒席、竹竿和塑料布搭起棚子，开始发掘。时值溽暑炎夏，白天烈日当空，考古队员挥汗如雨；晚上加班加点，蚊虫叮得大家浑身红肿起泡。然而，考古队员们的锄、锤、铲仍一刻不停地挥动着，敲打着。他们普遍都有一种预感——一种发现令世界震撼的奇迹的预感，在鼓舞着他们……

　　九天九夜过去了，7 月 27 日凌晨 3 点，奇迹终于出现了——一根黄金手杖呈现在他们面前！疲惫不堪的人们顿时兴奋起来。在当地民兵和公安保卫人员的协助下，又经过几昼夜的努力，"宝库"的大门终于打开。奇异的阿拉伯神话——《天方夜谭》曾讲述，阿里巴巴来到一个神秘的山洞前，叫一声"芝麻，开门吧！"果然，满洞的金银珠宝就呈现在他的面前。想不到，这一神奇的传说，竟在20世纪80年代中期，在中国川西平原的三星堆变成现实：金杖、黄金面罩、青铜跪坐人像、玉璋、玉戈和象牙等400多件珍贵文物，异彩纷繁地显露出来了！纯金卷包的金杖，长1.42米，净重463克，其上平雕有戴冠的人头、鸟、鱼等图案，这在我国尚属首次发现。黄金面罩，则与常人面庞大小相当，眉、眼、口部镂空，鼻梁突出。13件青铜头像，与真人头部一样大，空心铸造，高鼻阔目，耳大颐丰，表情各异，在我国也是首次发现。另有数十件青铜面具、青铜人坐像、青铜龙、青铜虎，一大批青铜礼器、玉器、石器，10多根亚洲象牙。这座长4.6米、宽3.5米、深1.64米的"宝库"，当时即被一些研究者推测为蜀王鱼凫氏时期的"祭祀坑"。后来，四川省文物管理委员会、四川省文物考古研究所、四川省广汉县（今广汉市）市文化局等三单位的《发掘简报》则正式将其命名为"一号祭祀坑"。其出土的青铜头像造型独特，线条优美流畅，比例适当，表现准确，在雕塑艺术和铸造技术方面都达到了较高的水平。戈、璋等玉石器，形制宽大，器身极薄，锋刃犀利如新，表面光泽细腻，十分精美；而开片、雕琢、抛光等工艺水平亦都达到娴熟的程度，反映出当时蜀人的手工业已具有较高水平。

令人惊奇的是，在一号"祭祀坑"发现不到一个月，在离它二三十米远的地方，砖厂工人杨永成、温立元等取砖土时，又发现几个青铜人头像和面具。考古队随即循踪挖去,花了30多个昼夜,又发现一座长5.3米、宽2.3米、距地表深约1.55米的"宝库"。这里有一尊2.608米高的大型青铜立人像躺卧着,它那巨大的双手似乎在拥抱周围那一大堆价值连城的黄金面罩、六七十根约1米长的象牙以及罕见的青铜人头像、青铜面具、青铜鸡、青铜蛇、青铜鸟、青铜铃、青铜树与玉器等瑰宝。这个坑出土的文物品种和数量都远远超过第一个坑。有些学者认为,这个坑也许同样是蜀王鱼凫氏的遗物,因此,省文管会等三单位的《发掘简报》又称其为"二号祭祀坑"。

三单位的《发掘简报》根据地层的叠压和遗迹的打破关系,以及祭祀坑内出土的文物形制及其时代特征等分析,认为一号坑的时代相当于殷墟一期(约公元前13世纪),二号坑的时代相当于殷墟晚期(约公元前11世纪)。

两个坑的青铜器、金器和玉石礼器在我国同时期考古中尚属首次发现。它们不仅在巴蜀文化和四川地方史研究方面占有极为重要的地位,还填补了中国先秦史、中国考古学、中国青铜文化以及中国冶金史、工艺史、美术史上过去曾出现过的重大的空白,对探索中国文明的起源,研究古蜀国的政治、经济、军事、思想和宗教观念与礼仪制度都具有十分明显的价值。

1986年8月23日,新华社一则简短的电讯划破夏秋之交的沉闷天宇,将一个来自中国西南的重大发现报告于世:

考古工作者发掘广汉三星堆遗址,是目前所知四川境内面积最

三星堆象牙　　　　　三星堆金杖与图案

大的早期蜀文化遗址……过去发现的有关巴蜀文化的考古材料仅限于春秋战国时期，这次发掘，把巴蜀早期历史推前了一千余年，即距今四千五百年至三千年左右。出土的精美器物和房屋布局，说明当时已有发达的农业、畜牧业、手工业、建筑业，显示出已达到文明社会阶段。

紧接着，各大报刊、电台、电视台记者蜂拥而来，跟踪采访，相继从三星堆遗址发掘现场将一条条更加惊人的消息传送到海内外：

迄今我国发掘的数量最多、形体最大的古代青铜雕像群——四川广汉县（今广汉市）三千年前青铜雕像群室内清理工作已经展开……这个青铜雕像群和与它们同地点出土的数量众多的其他重要文物的发现、清理，对研究中国巴蜀地区青铜器时代的历史提供了罕见的实物资料，填补了中国青铜艺术和文化史上的一些重要空白，……其中最大的青铜人像，是我国所发现的商周时代最大的青铜制品之一，……已清出的十几个青铜人头像中，尚未发现用同一模子制成的形象相同者，这说明三千年前我国古艺术家之青铜雕塑技术已十分成熟。

——《光明日报》1986年12月10日

过去，在世界青铜器时代考古史中，只有埃及、希腊才有出土的真人大小的青铜人雕像、真人头部大小的青铜人头雕像、真人面部大小的黄金面罩，如今中国也发现了这些文物，其中不少都是全国首次发现。……这次发掘的四川考古取得的突破性进展，是全国商周考古的重大成果。……比湖南马王堆的文物时间早、数量多，其历史价值和艺术价值更高，可以和西安的半坡遗址媲美。

——香港《文汇报》1986年12月21日

大量出土材料表明，早在4 000多年以前，这里已存在一支古老的土著文化——"蜀文化"，整个文化内涵既不同于以鼎、鬲、甗等三足器为主要炊器的中原文化，也有别于以彩陶文化为主的西北文化。"蜀文化"的先民们在这片沃土上过着定居的农业生活，饲养猪等家畜，掌握高超的建筑技术，至迟到商代已有高度发达的青铜文化，并进入阶级社会。这组遗址群很可能是具有国家雏形的古代蜀国的政治、经济、文化中心，或许与传说中的早期蜀王鱼凫、杜宇的都邑有关。

——《人民画报》1987年第6期

在那些令人激动的日子里，中国和整个世界的考古学界都怀着无比兴奋和焦急的心情密切关注着三星堆遗址的发掘、清理以及与此相应的研究工作的进展。

著名考古学家、中国考古学会理事长苏秉琦先生说："这就是古蜀文化的生长点……"时届90高龄的四川省文物管理委员会主任张秀熟老人则欣喜万分地说："我等了80年，盼望巴蜀文化的重大发现，终于盼到这一天了！"考古学家、四川大学博物馆馆长童恩正教授亦指出："这简直是世界奇迹！"

而那些曾为古希腊青铜文明眩晕和躁动不已的西方学者们，面对着三星堆遗址的这些与大名鼎鼎的德尔菲御者铜像、宙斯铜像以及波塞冬铜像大小相当，在时间上却早出六七百年以上的大型青铜雕像的传真照片，更是瞠目结舌、不住颔首称赞。英国学者戴维·基斯于1987年8月13日在英国《独立报》上发表的题为"中国青铜雕像无与伦比"的评论中写道：

> 广汉的发现可能是一次出土金属文物最多的发现，它们的发现可能会使人们对东方艺术重新评价。中国的青铜制造长期就被认为是古代最杰出的，而这次发现无论在质量上还是数量上都使人们对中国金属制造的认识上升到了一个新的高度。

伦敦不列颠博物馆的首席中国考古学专家杰西卡·罗森则认为：

> 这些发现看来比有名的中国兵马俑更要非同凡响。

三星堆——这个川西平原上很不起眼的地方，竟然令整个世界为之倾倒与震撼。从这时起，三星堆遗址和由此命名的三星堆文化便成为巴蜀文化、先秦文化、中国考古文化以及其他众多的相关领域、相关学科翘首引颈的关注对象。《文物》《考古》《考古学报》《文物天地》《中国文物报》等各种专业报刊以及《人民日报》《光明日报》《文汇报》《四川日报》《成都晚报》等不断辟出大版篇幅,争先报道与公布三星堆遗址清理情况与三星堆文化研究情况。

　　1988年1月,中华人民共和国国务院公布三星堆遗址为第三批"全国重点文物保护单位"。年届古稀的张爱萍将军亦欣然命笔,为三星堆遗址题下十个遒劲大字——"沉睡数千年,一醒惊天下"。

　　中华人民共和国成立后的40余年间,月亮湾—三星堆遗址的发掘可以划分为两个阶段：20世纪五六十年代,四川省文物管理委员会、四川省博物馆、四川大学在广汉月亮湾进行多次考古调查与发掘,并由调查与发掘者们写出了多篇有分量的研究文章,从而对广汉遗址的范围、时代及文化内涵有了进一步的了解与认识；而从1980年5月开始,广汉古蜀遗址的发掘与研究进入一个最为烨伟烜赫的新阶段。四川省文物管理委员会、四川省博物馆、四川大学、四川省文物考古研究所以及广汉县(今广汉市)文管所将发掘重点移向三星堆,进行了长达21年的连续发掘,截至2001年5月,在12平方千米的范围内进行了13次正式发掘,取得了一系列重大成果,特别是1986年七八月间对两个"祭祀坑"的大发现,可以说是在整个考古界掀起一阵海啸——其余响回旋,至今未绝！

古老遗址上的青春风暴

江流宛转绕芳甸，星月驰流无穷期。

自 1986 年在三星堆发掘出两个"祭祀坑"以来，四川考古人从未停止过探索的步伐。他们于 1988 年 10 月—1989 年 1 月发掘三星堆小城城墙；1990 年 1—5 月发掘三星堆东城墙；1991 年 12 月—1992 年 5 月发掘城墙北段；1994 年 11 月—1995 年 1 月发掘南城墙；1999 年 1 月—2000 年 5 月发掘月亮湾小城城墙；2013—2015 年连续发掘仓包包城墙、真武宫城墙、青关山城墙（即北城墙）及西城墙南段。几十年的不断探索基本确认了三星堆城址一大三小（月亮湾小城、三星堆小城、仓包包小城）的建筑格局与城墙结构（前期为垒土夯筑，后期间有土坯砖垒砌），确认了它从夏商之际直至商代中期连绵五六百年的建城史，确认了三星堆的社会结构及国家权力中心的地位，还确认了三星堆遗址的总面积约为 12 平方千米，城市面积约为 3.6 平方千米。这是目前发现的商周时期南方的最大古城，与郑州商城（内城）规模相当。

1999 年 5 月 29 日，著名历史学家、考古学家李学勤先生应邀为三星堆题词："三星堆考古光辉璀璨，但更大的希望尚在明天，必将称闻于全世界。"他敏锐地察觉到三星堆考古还会有更大的发现。

2019 年 4 月，在中共四川省委的主导下，"古蜀文明保护传承工程"正式启动。三星堆遗址新一轮大规模发掘工作也随之开展。

12月2日下午,刚进入仲冬时节的成都平原分外寒冷,三星堆一、二号"祭祀坑"周边却是热气腾腾。四川省文物考古研究院与广汉三星堆博物馆的数十名考古人员意气风发地汇集到这里,开始了对未知的认真勘探……突然,在二号坑旁一处探沟坑中,现出一块斑驳的青绿色;再一看,似是一件青铜器口沿,露出10厘米左右的宽度。大家心中一喜,不敢懈怠,便请来1986年领衔发掘三星堆两个坑的老人陈德安[1]前来看个究竟。陈德安徐徐扶梯下坑一摸,缓缓吐出六个字:"大口尊,没问题。"这意外又在预料之中的收获让考古队员们意识到这又是一座器物坑,因为比邻二号坑,就把它叫作三号坑。大家一鼓作气,又在二、三号坑四周连续发现五个坑。真是功夫不负有心人啊!

在场的三星堆考古队领队雷雨说,21世纪前十年也曾在这里做过两次密集探测。只是在2004年以后,为了展示一、二号坑,便做了一个平台,这几座坑刚好被遮蔽住。还好三号坑的少部分遗漏在外面,这次找到了它,拔出萝卜带出泥,将五个坑一并发现。这正应了一个俗语:踏破铁鞋无觅处,得来全不费工夫!

2020年9月6日上午,成都平原的初秋时节,微风轻拂,芙蓉飘香。"古蜀文明保护传承工程——三星堆遗址考古发掘(2020)启动仪式"在三星堆遗址祭祀区考古大棚内举行。来自北京、上海等地及本土的四十家学术研究机构的百余名考古工作者济济一堂,共同揭开

---

[1] 三星堆遗址首任工作站站长。

了继 1986 年后的新一轮三星堆大发掘的序幕。他们中既有考古发掘的一线人员，又有文物修复、材料分析、历史研究、地理科学、公安技术方面的专家，包罗植物考古、动物考古、环境考古、冶金考古、文物保护技术、体质人类学、材料科学等多种学科。学界诸多大佬，如李伯谦、王巍、陈星灿、王仁湘、吴顺清、周旸等，则在后来的发掘、研究与文物修复工作中，或热情建言献策，提出真知灼见，或直接下场，躬亲躬为。34 年前曾参加过第一轮（一、二号坑）大发掘的老一辈考古人，如赵殿增、陈德安、陈显丹等亦不顾年迈力衰而积极投身其间，一丝不苟，严谨如当年。他们的参与既确保了新一轮大发掘的科技含量，更为新一代的考古工作者做出敬业爱岗、锲而不舍的鲜活榜样。

9 月新一轮大发掘启动后，四川省文物考古研究院、成都市文物考古研究院、四川大学、上海大学、北京大学等组建的考古工作队陆续进驻发掘现场。每个队员的防护服胸前背后都写有自己的名字，有的还俏皮地贴画上一些卡通图案（如路飞、美少女战士、犬夜叉等），一看就是"90 后"甚或"00 后"的手笔。

四川大学三星堆遗址考古队就是这样一支生气勃勃的团队。36 名成员中有 15 名教师，21 名在读博士生、硕士生、本科生。整个团队 35 周岁以下青年占 87.5%，大多数为"90 后"，是一支踔厉奋发、青春飞扬的考古生力军。他们在三星堆五、六、七号三个坑埋头工作共计 7 000 多个小时，发掘出土数千件商代文物。其中轰动全国的半副黄金大面具，就是在五号坑发现的，而更为神秘的龟背形网格状青铜器则出土于七号坑。异彩纷呈的国宝经自己之手得以重见天日,令他们十分自豪。起初,他们的坑出土不多,而其他坑却频频传来珍贵文物现身的消息,使得这些年轻人难免心生"妒意"。这时,参与发掘的年轻教师马永超博士出来安慰并鼓励他们要"耐心挖泥巴",说机会总会眷顾有准备的人。果然,自2021年1月起,黄金面具、斧形金器、龟背形网格状器、大大小小的玉器及250根几乎完好的象牙层层叠叠、密密麻麻的现身,让他们目不暇接。

三星堆三号坑出土面貌

当"国宝"像井喷一样展露在这些年轻考古人面前时，几百上千个小时蹲坑作业的疲劳立刻烟消云散。在精细作业的要求下，巴掌大的一次填土往往就要花去好几个小时，每次一蹲、一低头就是几十分钟，说不苦不累，那是违心话。但考古人的事业心和责任感却让他们坚持了下来。本科生李梓嫣是名"00后"，拥有一颗少女心。她为激励自己，也鼓舞同伴，便在自己的防护服背上庄重写上"请叫我红领巾"六个大字。她说："考古人用实物材料还原历史，这是一个伟大的事业，每一个兢兢业业干好本职工作的考古工作者，都是红领巾。"

李梓嫣的同学——1999年出生的刘㮋，是一位动漫迷，画得一手好画。出于与李梓嫣同样的目的，她将"坑里"的生活结合出土文物进行"二创"，在师生们的防护服上一口气绘制出十几副涂鸦作品和个性标语，如给老师王媛媛画了英气逼人的美少女战士，给同学杨海蓉写了"万里长城永不倒"的歌词，对自己则更不吝笔墨，将防护服当作画布，让动画形象"罗小黑"钓起一个半张脸的黄金面具，令人忍俊不禁。

新一轮三星堆大发掘牵动着全国人民的心。2021年3月17—24日、9月9—11日，2022年6月14—16日，中央电视台连续三季直播三星堆发掘过程及发掘成果，也把镜头对准了年轻的考古人，将他们吃苦耐劳、献身考古的拼劲和韧劲及浪漫乐观、积极向上的精神传递给亿万受众。网友们纷纷感叹道，看见了中国当代考古充满朝气的新气象。中国考古从小众走向大众，青年考古人的现身说法起到的推动作用功不可没。

1988年出生的黎海超博士是四川大学考古文博学院最年轻的教授，也是四川大学三星堆遗址考古队的现场领队，被同学们戏称为五、六、七号坑的"坑长"。他在与这批年轻人（黎本人其实也是年轻人，只不过比同学们长几岁而已）相处的过程中，既看到他们的青春、活泼，更感受到他们的好学、认真与严谨。有一位同学在七号坑发掘时，第一眼发现龟背形网格状青铜器后，便立即停止工作，转而报告老师。

"一个专业的考古人，在清理出重要器物的时候，第一反应应该是停下来，而非挖下去。"黎海超对这位同学的表现很欣慰，他意识到这可能是一件不同寻常的宝物，便与其他老师一齐制定出详细的发掘方案。2022年6月14日，这件在中国青铜器序列中从未出现过的器物，被精心地从填土中清理出来，郑重地送到文保中心进行养护。至今，这件轰动考古界的宝贝究竟是何物，还是一个谜。网友们称它为"月光宝盒"。为了揭开它的秘密，人们绞尽了脑汁。

在五、六、七号坑辛勤工作的两年多里，四川大学考古队也努力将考古成果转化成学术成果，连续在《考古》《文物》等专业刊物上发表论文上百篇；又将考古成果及时向社会公布，将考古知识大众化、普及化，向全国青少年群体开展三星堆科普讲座50多场，覆盖受众2万余人次。

2023年5月3日，共青团中央、全国青联向四川大学三星堆遗址考古队颁授第27届"中国青年五四奖章集体"荣誉称号——这是全国19个获奖集体中唯一的青年考古团队。

与四川大学考古队相比，2020年12月进入三星堆现场的上海大

第一章：发掘之旅

学考古队队员的平均年龄更为年轻——只有25岁，他们与四川文物考古研究院共同负责三号坑的发掘。2021年1月9日，15名队员全部重装入坑，开展有序的工作。因为文物的珍贵性、脆弱性，再加上举国关注，发掘工作一开始就小心翼翼、如履薄冰。三号坑探得面积为14.1平方米，考古队按60×60厘米的规格布方，每次只往下掘10厘米，力求"所有挖出来的土，理论上都可以按原样拼回去"。他们挖出的填土都会被搜集入库，以便后续整理研究。

博士生法晓萌的工作是采样及记录每一袋土样的八位数位置坐标。她的日记本上记录着："2022年2月2日，上午109袋，下午110袋……"

"一般考古发掘不会把填土层全部打包，最多过筛一遍，但是这里的考古意义太重要了，我们不想放过任何信息。"上海大学考古队领队、讲师徐斐宏博士说。他率队入坑这年，只有30岁。

先前在三号坑西北角1.2米的深处挖出过一件青铜大口尊，可是在上海大学考古队下坑后的18天里，却再无收获。与邻近坑的热闹（此时五号坑已陆续出土黄金面具、金箔、象牙）相比，三号坑自是有些落寞。但是，年轻的他们并不气馁，依旧信心满满地埋头发掘。2021年1月28日，与他们并肩作战的四川省文物考古研究院的杨镇猛然发现填土里现出一缕金色，他心头一惊，仔细地掀开周围的泥土，拍了照后，喊来上海大学的硕士生朱星辰，继续小心剔土，终于提取出第一件器物——长4~5厘米的半闭合金带。3月16日，厚实的器物层被完全剥离出来，包括巨型青铜面具、顶尊跪坐人像、大神坛在内的大量青铜器、象牙和玉石器纷纷现出轮廓，形态各异、熠熠生辉，让年轻的考古人开心不已。

"震撼,太震撼了!眼前突然出现100多根象牙,在十几个平方的坑底,面对满坑的画面,现场十多个工作人员全部都沉默不语,眼睛盯着文物都看直了。"徐斐宏对《晨报》记者杨青讲述当时的场景,他脸上浓浓的倦色也掩盖不住丰收的喜悦。

在两个多月的紧张发掘中,徐斐宏和他的团队每半个月只有一天的休息时间;进入3月份后更是每天工作接近10个小时。但是这支来自沪上的年轻考古队却自始至终保持着饱满的工作热情,没有一个人叫苦叫累。领队徐斐宏坦言,因为担心损伤文物,每天"都要在只有14平方米的坑里趴着工作8小时以上"。在他看来,这样的发掘姿势仿佛是对中华文明的顶礼膜拜。而一代又一代的考古人,就是这样虔诚地贴近历史、还原历史。

为了激励自己,上海大学考古队的这拨年轻人在防护服背上用小篆、宋体等恭正地写上自己的名字,有的用古诗词点缀其间,如朱星辰背上写的是宋人朱敦儒《鹧鸪天·西都作》中的末两句:"玉楼金阙慵归去,且插梅花醉洛阳。"博士生张煦写的则是:"玉兰开处是春光,上大考古正启航。"这是她在3月16日三号坑器物层全貌现身后的抒情。此时广汉鸭子河畔,古遗址内,正是玉兰怒放,满目春光。

器物层(文化层)揭示出来后,便是更为精细的文物提取、清理与保护工作。为了做好这个工作,上海大学考古队把文物保护实验室设在三号坑侧。硕士生沈科妗平时的工作主要是样品的采集、微痕物检测分析和脆弱文物的提取及对青铜器进行清理、防护，其中对象牙和绿松石、骨头、部分石器等小件器物及铜渣等的提取尤费工夫，需要全神贯注，丝毫马虎不得。这位被称为"文物医生"的女孩说："我们既然要做文物的医生，就要对文物负责。"

有人说，"文物医生"的工作就像啄木鸟一样的勤奋细心，而上海大学考古队的队员们则个个都是"啄木鸟"。硕士生张顺利清理三号坑出土的一件青铜器，足足用了20天时间才让它从满身浮土的遮蔽中脱颖而出，最终显露出顶尊跪坐青铜人的身段。

张顺利本科就读于淮北师范大学材料科学与工程专业，毕业后在一家半导体公司做材料工作，收入不算低，但在2019年毅然跨专业考取了上海大学文学院中国史专业考古学方向硕士生。他回忆这段经历时说："时间长了，你就会发现，你想要的并不是工资多高，而是如何更好地实现自己的人生价值。"2020年12月，他跟随老师徐斐宏赴三星堆参加三号坑发掘，主要担任摄像师，挖掘工作是兼职。他在三星堆的两个多月里，大多数时间都肩扛七八斤重的机器奔走，拍了1 700多条工作录像。三星堆的这轮大发掘让他大开眼界，沐浴到博大精深的中华文明的灿烂阳光。他有一段心灵告白："有些文化是同一时期群星璀璨，有的文化前后相继、继往开来，各文化相互交融共同构成中华文明的主体。身临其境地参与其中，明白了中华文明多元一体的伟大。"

领队徐斐宏对记者说，能参与像三星堆这样重大的考古工作，对每一位年轻考古人来说，都是幸运的。年轻人精力旺盛，学习快，应用新技术新方法的能力强，也扩大了中国考古的视野。

北京大学考古文博院作为中国考古学重镇，与三星堆更有不解之缘。1987年5月，北大考古专业的创始人、中国考古学泰斗苏秉琦在成都举行的"三星堆十二桥遗址考古发掘座谈会"上指出，巴蜀文化自成体系，是中国古文化的中心之一。三星堆遗址作为其中的一个重要序列，代表四川地区进入古文化古城古国阶段。自苏秉琦发表讲话后，孙华等北大考古人就将西南考古的目光聚焦到三星堆，接连不断推出重磅文章或专著，密集研究三星堆。

2020年12月，北大考古文博学院考古队联合四川省文物考古研究院启动了八号坑的发掘工作。翌年2月，北大考古文博学院副教授、"85后"赵昊作为负责人进入八号坑现场。赵昊此前曾参加过甘肃礼县大堡子山考古发掘、四川甘孜州羌藏民族考古调查等七八个重大项目的工作。他在勤恳敬业以外，又不乏浪漫幽默，他的防护服背上写有八个字："蜀王别急，我们来啦！"——既是回应在棚外作业的四川文物考古研究院乔钢的调侃（后者曾说："我们这里说不定一铲子下去就是一个蜀王陵。"），亦是对八号坑充满期待。

这对好友的互掐，发生在2021年三四月，此时春光融融，大地回暖。可是考古队在3个来月的发掘中仍未见大的收获；从4月至8月初，还在清理灰烬层，虽有不少青铜碎片、小型玉器以及金箔片陆续出土，但与其他坑接连发掘出重大器物的热闹相比，成绩毕竟尴尬。同行们因此戏称八号坑为"文物垃圾坑"，推测为古蜀人倾倒各种焚烧物的灰烬坑。

不过，别急！赵昊和他的伙伴们相信科学，因为此前金属探测仪报告八号坑可能藏有大量金属器物。8月中旬，灰烬清理完毕，现出黄土层；黄土层下，是满当当的象牙堆砌。经过一二十天的耐心提取，三四百根象牙被小心地涂抹上薄荷醇后送到坑旁的文物保护中心予以保护。队员们在冲洗象牙泥土后，发现带有光泽的象牙上普遍印有青铜的绿色。果然，进入9月，青铜人头像、立人大神兽、大神坛、顶尊蛇身人像、权杖头、龙头、鸡、尊、罍、瓿等一件件青铜器相继跃入眼帘，比肩迭踵，争奇斗妍，直令队员们欣喜万端……

2022年6月14日，在央视新闻频道第三季《三星堆新发现》直播特别节目的镜头下，12日出土的八号坑三层大神坛全景亮相，其繁复的架构、巧妙的构思、精湛的工艺和所表现的盛大的祭祀场面、古蜀人优雅的生活场景令亿万观众倾倒。

70天后的8月24日，央视再次直播八号坑大型立人青铜神兽的出土场景。当那重达150千克的庞大身躯（头负着冠小立人）笨拙而羞怯地被抬举出坑时，许多人都被它那独角巨嘴长耳大尾巴喇叭花蹄的怪模样震慑住了，惊呼为"四不像"。

…………

三星堆新一轮的考古发掘由此进入尾声。

2022年11月9日，三星堆考古封坑仪式在鸭子河畔湛蓝的天空下悄然举行，喧腾了两年多的考古工地归于寂静。

回眸八号坑从"文物垃圾堆"一跃成为"明星坑""聚宝盆"的过程，北大考古人充满了自豪感与幸福感。博士后蔡宁说，那将近10个月"颗粒无收"的日子,是最考验考古人的耐心的时候。"饭要一口一口地吃,清理和采样工作也同样重要甚至更为重要。"当然,蔡宁也不否认,"这种慢工细活其实挺磨神经的",但他转而又坚毅地说,越在这种时候,越要沉得住气,"必须要坐得住冷板凳"。

北大考古人就这样每天以几厘米厚度的进度一铲铲、一刷刷地清除填土,不喊累,不喊苦,每天一干就是八九个小时……直到猛然间峰回路转,满眼风光!截至2022年9月,三星堆六个坑共出土编号文物15 000余件,其中八号坑出土6 000余件,占总量的40%。

作为这批"90后"年轻学子的师哥,早年毕业于北大考古专业的三星堆发掘现场总指挥冉宏林之前还担心他们禁不住这样的精细化作业,可是后来发现多虑了。他钦佩师弟师妹们的那股子韧劲和拼搏精神,夸他们"传承了北大田野考古一贯的优良传统"。

青山有俊鸟,幽谷见芳草。鸭子河与马牧河环抱下的古老的三星堆遗址,在2020年至2022年的两年多里,刮起了强劲的青春风暴。据统计,参与新一轮三星堆考古发掘以及文物保护两个环节的工作人员约200人,其中150多人都是"90后"。这些来自北京、上海和四川各地的年轻的多学科考古团队,以责任大于泰山的态度、热情如火的工作热情、连续作战的优良作风与精雕细作的工匠精神,将科学论文写在川西平原丰腴的大地上,用新时代的青春之歌再一次唤醒了沉睡三千年的三星堆!

三星堆遗址考古成果在世界上响当当！

2020年9月28日的北京中南海，金桂染秋，叶绿花黄，雏菊御风，香冷味长。

中共第十九届中央政治局在习近平总书记的主持下，为我国考古的最新发现及其意义专门举行第二十三次集体学习，这是党的十八大以来中央政治局六十六次集中学习中唯一的一堂考古课。习总书记在这次会议上发表重要讲话，强调必须高度重视考古工作，"努力建设中国特色、中国风格、中国气派的考古学"。在这次会议上，习总书记还指出："考古工作是展示和构建中华民族历史、中华文明瑰宝的重要工作。认识历史离不开考古学。"[1]

此时距离9月6日三星堆考古发掘（2020）启动仪式过去仅12天。消息传到三星堆，极大地振奋了奋战于此的近200名考古人。

经过两年多的艰苦奋战，2022年6月，三星堆新一轮考古发掘进入收尾阶段，成果丰硕。

汉州故地，阳光明媚，绿树葱郁。万顷稻田，秧苗葱绿，长势喜人。6月13日上午，青绿簇拥中的三星堆博物馆人头攒动，新闻界人士聚集一堂。四川省文物考古研究院在这天召开隆重的新闻发布会，对"考古中国"重大项目三星堆遗址考古发掘进行阶段性成果发布，基本确

1　习近平：《建设中国特色中国风格中国气派的考古学　更好认识源远流长博大精深的中华文明》，《求是》2020年第23期。

认了面积近 1.3 万平方米的商代祭祀遗存。两年间在祭祀区发掘面积 1 834 平方米，在 6 座坑出土编号文物近 13 000 件，相对完整的文物 3 155 件[1]。其中青铜器 1 238 件，金器 543 件，玉器 565 件，石器 123 件，陶器 13 件，象牙 590 根，其他 83 件。

出土即举世轰动或为专家瞩目的文物有：三号坑完整的金面具、顶尊跪坐青铜人像、顶坛青铜人像、顶尊青铜人头像、戴尖帽小立人青铜像（网友戏称"奥特曼"）、戴立冠（或立发）青铜头像（网友戏称"诸葛亮"）、爬龙青铜器盖、盘龙青铜器盖、巨型青铜面具、圆口青铜方尊、兽首衔鸟青铜圆尊、小青铜神兽（网友戏称"机器狗"）、神树纹玉琮、刻纹玉器座；四号坑扭头跪坐青铜人像（三件）；五号坑半副金面具（重 286 克）、斧形金器、鸟形金饰、象牙雕；六号坑玉刀、木箱；七号坑龟背形网格状青铜器、顶璋龙形铜饰、三孔玉璧形器；八号坑金面罩青铜头像、顶尊蛇身青铜人像、三层青铜神坛、巨型青铜神兽、青铜龙、着裙立人青铜像、戴象牙青铜立人像、猪鼻龙青铜形器、神殿形青铜器盖、石磬等。

其中三号坑出土的青铜巨型面具宽 131 厘米、高 71 厘米、深 66 厘米、重 65.5 千克，在三星堆遗址出土的青铜面具群中，形制最完整、体量最大、保存最完好。2022 年 1 月 31 日农历除夕夜，这副来自 1 700 多千米外的三星堆最新（2021 年 6 月 23 日）出土的青铜大面具高调亮相春晚，由四川省文物考古研究院三星堆考古研究所所长冉

1　据 2023 年 6 月 9 日《新华每日电讯》从三星堆博物馆副馆长余健处获得的信息，三星堆新发现的 6 个坑共出土编号文物 17 000 多件，相对完整的有 4 000 多件。

宏林与著名演员张国立共同揭开它神秘的面纱。在场观众和电视机旁的全国数亿观众面对这代表古蜀青铜文明最高水平的庞然大物，莫不啧啧称奇，无不为其所展现的古蜀工匠精神、古蜀文明神韵连连称羡。

6月13日新闻发布会现场的大屏幕上，展示了一批令人震撼的新奇文物出土时的状态。如七号坑的一角，一件巨大的龟背形网格状青铜器（14日始出土）平静地横躺在器物丛中，似乎一边在抖落黄色的泥土，一边露出诡异的微笑。该器物长61厘米、宽57厘米，为上下两个网框的复合体。其四周装缀虬曲的龙头，把守着复合体的锁钥。发布人介绍说，那里面装有一块青绿色的椭圆状美玉，烘托着复合体的上下网框。显微镜下的微痕分析，网框上还有黄金及被丝绸包裹过的痕迹。

八号坑展示了一个高1.55米以上的三层神坛。方形坛座之上有四个肌肉强健的力士以半跪姿态托举井形杠架，杠架上是一尊小神兽。神兽体态肥硕，大嘴大耳，有专家认为是大象。力士均戴面具，华丽的衣服上回形纹饰线条流畅。神坛上包括力士在内共有13个人物，可能正在举行一个盛大的祭祀仪式，气氛庄严肃穆。与之成鲜明对比的是跪坐在神坛中间位置的一指头大小的背疊小人，似带微笑，胸部凸起，缚疊绳带在腰前打了一个漂亮的蝴蝶结，疑为女性形象。这便让人联想到旧时川西坝子背着竹篓赶场的农妇，生活气息十足。

中国社科院考古所王仁湘研究员说："古蜀人制作神坛的意义，就是想创作出虚拟的世界。有了这样虚拟的世界，人们的思想就有了更大的活动空间。这是心的世界，它比天地宽、比宇宙大，可以任由驰骋，任由飞舞。"

三号坑展示了2021年3月最先从器物层南部冒出脸面的顶尊跪坐青铜人像。它通高115厘米，上部为高55厘米、肩部有龙形饰件的大口尊，下部为双手作握物状的高60厘米的跪姿人物。顶尊青铜人像的复合造型，1986年在二号坑内出现过。它们是古蜀青铜文明独有的创意，在其他青铜文明中尚未有出现。

上海大学考古队领队徐斐宏对这件顶尊青铜人像的出土还记忆犹新。他在2023年7月的一次博物馆活动的启动仪式上说："不断揭开文物神秘面纱的过程，真的很令人难忘。""我们最早在坑中分别发现了青铜尊和青铜人的手部，随后确认了二者同属于同一件器物，进而通过研究，认为青铜尊很可能来自长江中游，而青铜人是长江上游的产品。"而二者居然通过一个方板铸焊成一个整体，真是令人叹奇。这便充分说明早在三千多年前，长江中上游的青铜文明就已在进行深度交流。

其实，三号坑不止在顶尊青铜人上体现出这种交流，在三号坑首次发现的圆顶方尊也是长江中游（或下游）文明的产物。现藏于台北"故宫博物院"的著名的牺首兽面纹圆口方尊（来自北京故宫博物院，台北"故宫博物院"官网说"造型或纹饰皆特殊，具有南方区域特性"）与之何其相似乃尔！所以有些网友称它俩是一对"孪生兄弟"。唯一不同的是，三号坑方尊肩部比台北"故宫博物院"的那件多了对称的立鸟，所以有专家猜测说二者很可能出自一个作坊。

能证明三星堆古蜀人对外交流的器物还有很多，比如在三号坑、

三星堆青铜神坛

八号坑发现的青铜尊、青铜罍、青铜瓿，就是中原殷商文化的典型器物；三、四号坑的玉琮则深受甘青齐家文化或长江下游良渚文化的影响（但亦有蜀地特色，如玉琮上的神树）；三、七、八号坑的有领玉璧、玉璋、玉戈，先前在河南、陕西、山东以及华南地区就有出土；包括一、二号坑在内的遗址内有大量的金器，则比较接近北方草原文化早已有之的用金传统。再如七号坑的龟背形网格状青铜器上的龙扭把，八号坑的虎头龙身青铜像、持龙立人青铜像及38年前于一号坑出土的爬龙柱形器（即龙杖首），二号坑青铜大神树上的龙、大立人像服饰上的龙……整个遗址所见的龙形象，五花八门，林林总总，达30种以上。而龙形象是中华民族远古的记忆，在祖国四面八方的古遗址中屡见不鲜。以龙为尊，以龙为图腾、为标识、为象征、为纽带、为依托、为精神支柱，是中华上古文明的一个核心内容。三星堆遗址接连出现的、无处不在的龙造型，说明在自然观、宇宙观、价值观与神权、王权意识和宗教祭礼方面，以古蜀文明为代表的长江上游文明与黄河文明、长江中下游文明并无二致，这也说明早在三四千年前，古蜀文明便已开始了融入中华文明多元一体的历史进程中。

至于三星堆遗址独有的青铜纵目人面具、大立人、大神树、大神兽、大神坛等宏大造型以及所展现的以锡、铅合金为焊料的钎焊技术、铸铆技术、分铸技术、切割成孔技术、独特的制泥芯技术（以细木条作芯骨）等，则表现出古蜀人非凡的想象力、创造力与精细的工匠精神，说明古蜀文明在中华文明起源满天星斗之中，乃是西南最亮之星。而这也正是三星堆遗址在近百年间，特别是1986年以来近40年间一直为人注目的魅力之一。

2023年11月16日，在广汉市举行的"三星堆遗址考古多学科综

合研究成果研讨会"上,北京大学研究团队公布了六个坑的碳十四测年数据:

三星堆青铜爬龙柱形器

三星堆青铜龙虎尊

三号坑埋藏行为所发生的时间落在公元前1117年至前1012年之间的概率是95.4%，落在公元前1109年至前1016年之间的概率是68.3%；

四号坑落在公元前1126年至前1016年之间的概率是94.1%，落在公元前1115年至前1054年之间的概率是68.3%；

六号坑落在公元前 1201 年至前 1019 年之间的概率是 95.4%，落在公元前 1125 年至前 1054 年之间的概率是 68.3%；

八号坑落在公元前 1117 年至前 1015 年之间的概率是 95.4%，落在公元前 1111 年至前 1020 年之间的概率是 68.3%。

在五号坑与七号坑取得的样品，由于保存状况欠缺，测量结果不理想，没有公布数据。

总体来讲，三星堆遗址几个坑的形成年代有 95.4% 的概率落在公元前 1200 年至公元前 1010 年之间，这相当于商代晚期，距今 3 200 年至 3 000 年。而三星堆八号坑发现的顶尊蛇身青铜人像与 1986 年于二号坑发现的鸟足人像的拼接成功，则说明二号坑与八号坑形成的时间一致。这便解决了长久以来困扰人们的二号坑的埋藏时间问题。

这次具有重大意义的成功拼接[1]的时间节点是 2022 年 6 月 16 日。此时距离三星堆新馆破土动工，已过去 77 天。经过 16 个月的紧张施工，2023 年 7 月，在鸭子河南岸，与旧馆毗邻的地方，终见号称"堆列三星，古蜀之眼"的新馆亮丽的真容。

7 月 27 日，距第 31 届世界大学生夏季运动会在成都的开幕还有一天，三星堆博物馆新馆迎来了它正式对外开放的大喜日子。微风细雨中的鸭子河粼粼泛波，天气湿热，但比湿热的天气更热烈的是人们欢喜的心情。

从直升机上俯拍的新馆，三个连绵宛转的环扣建筑上一片茵绿。这座耗资 14.33 亿元人民币的西南最大的遗址类博物馆单体建筑，建

1　跨坑拼接青铜器物的"回家"行动由此开启。

筑面积达 5.44 万平方米，是旧馆面积的 5 倍；展陈面积 2.2 万平方米，是旧馆展陈面积的 3 倍。它继承旧馆的螺旋曲线风格而又大胆突破，于墙面镶嵌两副左右对称的巨大双曲面天蓝色玻璃幕板（间以青铜遮阳板），与菊黄色花岗石墙体构成强烈的虚实对比，凸显出一对妩媚的"古蜀之眼"。它默默地面对怀珠韫玉的三星堆发掘区，以沉静安详之美凝视古今蜀人跨时空的千年对话。它还巧妙地容纳了"时空螺序厅"和"圜流古今剧场"两个节点空间，让大自然的光线自然泻入，寓示其是古蜀文明对外展示的窗口，是古蜀地与外部世界互鉴交流的平台。螺旋大厅顶部高悬直径 30 米、重达 12 吨的庞大环形吊灯，下对雄浑的螺旋状坡道。坡道以 360 度的炫目盘旋直抵地下 10 米的圆形地坑，寓意对古蜀文明深处的执着追寻。

新馆设三大展区。第一展区"世纪逐梦"，下设"初识三星堆""一醒惊天下""盛世续华章"三个单元，讲述 20 世纪二三十年代至今三星堆的发现、发掘历程，彰显建设"中国特色中国风格中国气派的考古学"的时代主题，让观众阅读三星堆考古的意义，体验跨时空的考古之旅。

第二展区"巍然王都"，下设"蜀都丰饶""都城营建""黄金加工""玉器制作""青铜冶铸""王者至尊""多元共生"七个单元，展示三星堆古城古国古文化从新石器时代晚期至夏商时期的发生、发展与兴旺史，让观众体悟商代中期以后古蜀人在建设家园过程中的勤劳智慧与强大创造力及开放、包容精神。

第三展区"天地人神"，下设"以玉通神""藏礼于器""神圣祭坛""青铜面具""鸟足神像""万物有灵""通天神树"七个单元，表现三星堆居民丰富的精神世界，让观众认识古蜀人的日常生活、原始宗教及审美观和浪漫表达。

三星堆博物馆新馆展示文物1 500余件，有近600件文物为首次展出，包括2020年至2022年新一轮发掘出的300余件。

三星堆博物馆因三星堆古蜀文明的厚重与悠久而名扬四方，受到国内外的青睐、追捧。2023年7月27日新馆开馆第一天便接纳游客2万人次。以后在限流情况下平均每天仍接待1.3万余人次。截至2024年7月23日，近一年间参观人数已突破500万人次。其中大半为青少年，包括中小学生。时逢盛世，展示国家荣耀和巴蜀荣耀的三星堆成为中国人，特别是四川人认识家乡、热爱家乡的"打卡地"，成为宣传爱国主义、增强民族自信心的大学校，成为"赓续中华文脉，推动中华优秀传统文化创造性转化和创新性发展"的生动课堂。

2023年7月26日上午，三星堆博物馆新馆揭幕。下午，中共中央总书记习近平考察即将于翌日试运行的新馆，了解三星堆遗址的发掘研究、文物保护等情况。

那一日的天空格外的蓝。新馆侧畔荷花池内荷叶田田，荷花依依，乔木参天，翠色欲滴。从龙泉山吹过来的东南风裹挟着雨后的丝丝凉爽撩拨着新馆"古蜀之眼"巨大的玻璃幕墙，发出轻快的叩响。

习近平总书记领首踱步，逐一参观各个展厅。他不时与工作人员亲切交谈，仔细了解三星堆遗址的分布情况。他听说三星堆的部分陶器、顶尊人像等青铜器及玉器等与黄河文明、长江中下游文明有联系，是中华文明多元一体的有力证据时,便露出会心的微笑。在文物保护与修复馆,总书记认真察看文物保护工作流程细节,不断询问具体工艺和最新技术,亲切关心文保队伍的稳定情况。他对已有近40年文物修复工作经验、享有"大国工匠"美誉的郭汉中师傅说,要带更多徒弟,把三星堆的文物修复好。

在这次考察中,习近平总书记深刻地指出:

> 三星堆遗址考古成果在世界上是叫得响的,展现了四千多年前的文明成果,为中华文明多元一体、古蜀文明与中原文明相互影响等提供了更为有力的考古实证。文物保护修复是一项长期任务,要加大国家支持力度,加强人才队伍建设。[1]

四川省文物考古研究院三星堆遗址工作站站长雷雨在场聆听了总书记对三星堆遗址考古成果的高度评价。他激动地说:"我从大学毕业起就一直扎根三星堆,到现在已经30多年。我很幸运在快退休时遇到了三星堆6座新的祭祀坑这样的重大发现。今后更要把总书记的鼓励化为工作上的动力,在田野工作上多开展发掘研究,为三星堆遗址申遗工作再添一把劲。"

据四川省文物考古研究院三星堆考古研究所所长冉宏林介绍,三星堆遗址考古发掘自1934年迄今已进行37次,但发掘总面积不到2万平方米,不足遗址总面积12平方千米的千分之二。三星堆遗址的

---

[1] 转引自马龙、李虹《让文物活起来,把文脉传下去》,《光明日报》2023年8月11日。

考古发掘及保护研究工作道阻且长。目前，三星堆考古人孜孜矻矻，上下求索，为向世界传递古蜀文明的声音，建设中国特色中国风格中国气派的考古学砥砺奋进！

第二章：
天门之问

一夜消失的古蜀人是什么来头？

上穷碧落下黄泉，两处茫茫皆不见。

白居易《长恨歌》中的这两句，用来描绘突然消失的三星堆文明给人们带来的迷茫、困惑，是恰到好处的。的确，三星堆文明有着太多令人费解的谜：是何族何人在三星堆建城设都兴国立邦？他们从何处来，又走向何方？他们的社会制度和政治结构是怎样的？他们真的"不晓文字"吗？……重重迷雾，团团疑云，给三星堆文明装点上一种朦胧美、一种缥缈美、一种雾里看花之美。

以任乃强先生为代表的学术界有一种比较流行的说法：上古西南的大部分民族以及西北各民族都是居住于古康青藏大高原（包括今四川甘孜、阿坝两个自治州、青海省和西藏自治区的全部地面）的古羌族支派。古羌族是亚洲最早创造牧业文化和进入农业生产的民族。古史记载中关于"神农生于姜（通羌）水""黄帝长于姬水""昌意降居若水""青阳降居江水""禹生于石纽"等传说所涉地段，在上古时期都属羌族地域。他们向东进入中原，"与土著的华族杂处，共同发展农业，从而孕育中华文化"。他们向东南从岷山而下，循岷江河谷进入四川盆地，进入成都平原，并在这一"进入"过程中形成蜀族。（参见任乃强：《四川上古史新探》）

这一推证是很有说服力的，因为它可以解释中原上古文化的许多难解之谜。例如在殷墟甲骨文里，为什么没有今天其他民族的专称字，却只频见"羌"字？为什么周王室会以姬姜连姓并传其始祖后稷生于姜原？尤其可以解释三星堆文明社会或称古蜀文明社会的诸多难解之谜，比如古蜀人族源之谜。因而，古蜀文化研究者的大多数人，是接受以任乃强先生为代表的古羌或古氐羌（任乃强认为氐羌同源）立蜀说的。

民间传说中的蚕母娘娘

"蜀"字在甲骨文中似虫形，为野蚕。从岷山山地逐渐向今镇江关与叠溪之间的岷江河谷迁徙的古羌族，在以牧业为主（已开始少许农耕）的时候，也兼营狩猎和养殖。养殖的一项主要内容就是拾野蚕茧制绵与抽丝。所以，后人便将这一时期的居住于岷江河谷的羌人称为蜀山氏。蜀山，指岷江两岸的岷山山地。

蜀山氏时期，大致经历了几百年以至上千年。按古史传说讲，在蜀山氏后期，其氏族与中原黄帝部落联姻，岷江谷地的西陵氏（即蚕陵氏）女嫘祖嫁给黄帝。这一时期，蜀山氏的一支在蜀山养殖业方面，大致已从拾野蚕过渡到饲养家蚕阶段，即"聚（丛）野蚕于一器而采桑饲养"阶段——蚕丛氏阶段。所以，嫘祖大致是属于蜀山氏中蚕丛氏部落的女子。后来才有她教民众（包括中原民众）养蚕缫丝，并被奉为"蚕神"的传说。

蚕丛氏这一支系，我们姑且称为古羌—蜀族团。他们这一支系，应该是后来三星堆蜀人的嫡系先祖。《华阳国志·蜀志》说："有蜀侯蚕丛，其目纵，始称王。死，作石棺石椁，国人从之，故俗以石棺椁为纵目人冢也。"

1986年夏秋之际，考古工作者在四川广汉三星堆遗址发现了两个埋藏有大批青铜器、玉器、金器及象牙等珍贵器物的商代"祭祀坑"，其中面具有三四十件，包括青铜人面具、兽面具及黄金人面罩三类。这之中，青铜人面具二十余件，大者宽138厘米，小者宽20～50厘米。就眼睛造型而言，又有凸目（纵目）、平目之分。青铜兽面具9件，均呈夔龙形向两面展开，最宽者38.4厘米，最窄者12.8厘米，多作龇牙咧嘴状。黄金面罩系金皮捶拓而成，计有6件，其中3件以生漆、石灰作黏合剂，蒙罩在尺寸与真人大小相近的青铜人头像上；分作平头顶型、圆头顶型两种，皆为平目杏眼，眼、眉镂空，耳垂穿孔。

在这批青铜、黄金面具系列中，最引人注目的莫过于二号坑发现的那件高66厘米、宽138厘米的大型纵目人面像。它大嘴、鹰钩鼻；双耳硕大，向斜上方挑出，颇像猪八戒的"招风耳"；眼球做得更为离奇，直径13.5厘米，凸出眼眶16.5厘米。而这，正与《华阳国志·蜀志》有关蚕丛"纵目"的记载相吻合。应该说，《华阳国志》记载的是蜀人古史传说时代的祖神形象。这一形象，是古蜀人对自然界和自身的认识尚处于原始水平时，对所景仰的远祖的一种神话加工。就如同人们所熟知的伏羲女娲是人首蛇身的传说形象一样。

三星堆面具纵目形象，使我们联想起《山海经》之《海外北经》与《大荒北经》记载的一段故事：

烛阴（选自明代胡文焕《山海经图》）

西北方的钟山上有一条龙，身子长极了，一伸腰能达到千里之外。它浑身通红，虽是蛇身，却长着人的面孔。它不吃不喝不睡觉，也不怎么呼吸，一呼吸就飞沙走石，天地为之变色。它只要吹口气，就会狂风呼啸、漫天冰雪，世界就变成寒冷的冬天；它只要轻轻地吸口气，夏天立即降临，变得炎炎似火，酷热难耐。它的眼睛又大又亮，一睁眼就能把天外阴极之地全部照亮，世界就变成白天；它一闭上眼，就是漫漫黑夜，伸手不见五指。由于这条神龙能像蜡烛一样发出光亮，所以人们叫它"烛龙"；又因为它能照亮天外阴极地方，所以也叫它"烛阴"。

烛龙的眼睛何以这样厉害？《山海经·大荒北经》说它"直目正乘"。"正乘"之意，语焉不详，历来颇多分歧；但对"直目"，注家都赞成郭璞的说法，即"目纵"之意。前举三星堆二号坑出土的那副眼球凸出眼眶 16.5 厘米的青铜人面像，大约就是烛龙"直目"的写照吧？这也就难怪三星堆遗址出土有不少龙的形象了——如大型青铜立人像左衽上的龙，青铜爬龙柱形器上的龙，青铜神树上复原长度可能达 4 米左右的龙……因为烛龙是蛇身，所以二号坑内还发现一条残长 54 厘米的青铜蛇。

王兆乾等当代研究者还认为祝融读音与烛龙近，烛龙又可视为神话传说中的火神、光明之神和南方之神——祝融。《山海经·海内经》说："炎帝之妻，赤水之子听訞生炎居，炎居生节并，节并生戏器，戏器生祝融，祝融降处于江水。"按郦道元《水经·江水注》里的说法，江水就是岷江及其以下的长江。《蜀王本纪》又说："蚕丛始居岷山石室中。"这样来看，传说中的祝融同蚕丛一样，最早都活动于川西北的岷山—岷江一带。所以，在古蜀人眼里，祝融同蚕丛实际是一个人，都是他们敬畏与怀念的祖神。而祖神的神通主要体现在眼睛（是智慧和英明的象征）上，因此他们给予眼睛极度的夸张，制造出世间独一无二的纵目人青铜面具系列，用以长期祭祀供奉。

至于纵目人面具（祖神的象征）以外的其他青铜人像、人面具，则应该属于古蜀人可以追忆的历代部落首领、国王的形象了。因为他们是人不是神，其传说的成分要比蚕丛或祝融等祖神少得多，故而在造型上也就不那么怪异，表现出正常人的五官、体态和风貌。只是由于他们在人品上有优有劣，对古蜀氏族、部落及国家的发展所做出的贡献有大有小，所以后世对其祭祀供奉的规格也就有高有低，比如那些未加任何装饰的平目青铜人面具及人头像，可能就是应对人品一般、贡献一般者的规格的。当然，这并不等于说，这些普通人面具、人头像就是古蜀部落首领、国王的形象。这之中，应该还有其他重要人物加入进来，甚至包括外来人种。而那座净高163.5厘米，头戴高达17.7厘米的"太阳冠"，连同基座高至260.8厘米的大型青铜立人像，则当视为对优秀者的一种最高待遇。至于青铜人头像的黄金蒙面，也属于对优秀者的尊崇礼遇，或者说，是仅次于仿真人形态的全身塑像——如大型青铜立人像的规格吧。这情形，如同古埃及国王图坦哈蒙木乃伊所享受的一样。埃及与中国，天各一方，在黄金面罩问题上，虽谈不上谁影响谁，但古往今来的人类文明发展史却表明：同一类型的灵感、发现与发明，却可能在互不知情的条件下，在不同地域同时或不同时地予以发生、实行。[1]

1 　三星堆出土的8件黄金面罩，1件出自一号坑，5件出自二号坑，1件出自三号坑，还有半副重286克者出自五号坑；在时间上虽略晚于古希腊迈锡尼黄金面罩，却接近于古埃及图坦哈蒙黄金面罩，特别是一号坑出土的那件。

三星堆戴黄金面罩的青铜人头像（1）

第二章：天门之问　57

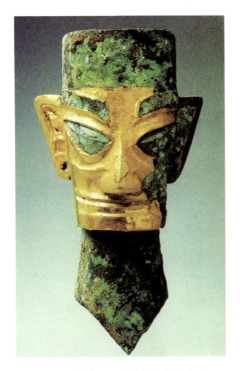

三星堆戴黄金面罩的青铜人头像（2）

三星堆青铜纵目面具

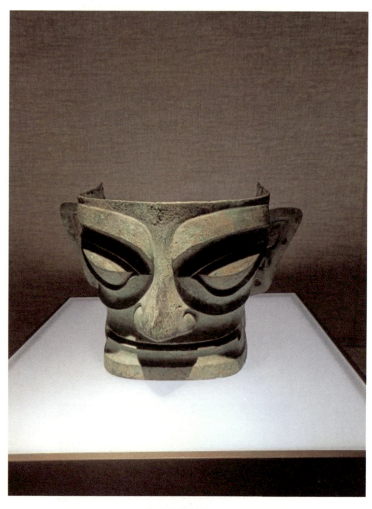

三星堆青铜面具

三星堆青铜人面像

当然，如果是在同一地域的不同时期出现比较相似的文化现象，那么，则应当考虑在这一现象背后，是否有着文化基因的作用。已有研究者（如钱玉趾）发现，在今天川滇一带的彝族中，存在着与三星堆纵目人形象相近的面具。例如在罗婺支系的许多村寨，都有一对由每户人家轮流供奉的始祖面具，各户又有家祖面具。始祖面具基本属于人面造型，其显著特点为凸目、阔嘴、露齿……有些始祖面具底色皆为墨黑色，凸出的眼球为黄色，眼圈、口唇、鼻子都涂成朱红色，脸上有朱红色横条。而三星堆青铜面具在出土时，也发现许多眉眼描黛、口鼻涂朱的情况。三星堆纵目人大面像宽138厘米，川滇彝族始祖面具一般则宽150厘米。二者出现如此惊人的相似当不是偶然的。早已有学者（如徐中舒、方国瑜、王有鹏、关荣华、陈英等）考证说，川滇彝族与古蜀人有深厚绵远的族源关系。因此，似乎可以这样说，川滇彝族始祖面具在冥冥中同三星堆面具一样，乃是按照传说中的祝融—蚕丛始祖神及其他先祖的形象而制作的。这些面具，是祖先崇拜与神灵崇拜的混合体，以此来缅怀先人、祈祷神灵，并从中获取力量、鼓舞斗志、振奋精神，以便更好地立足于天地！

1、2：三星堆纵目人面像　3、4：彝族民间始祖面具

鱼凫氏：一个吃自己图腾的部落

蚕丛氏时期，古羌—蜀族团已进入今茂县与汶川之间的一个小平原——茂汶盆地，开始发展农耕。后来，他们从茂汶盆地再下东南，经今成都平原北端的彭州大宝镇、小鱼洞乡、磁峰镇、新兴镇（海窝子）、天彭镇而入广汉平原。他们从茂汶盆地向今成都平原的彭州、广汉迁徙与居住时期，大致就是古史传说中的鱼凫氏时期，这一时期延续很长。古羌—蜀族团从原始氏族公社制时期向奴隶制社会的转变，可能就是在这一时期完成的，并在这一时期进入奴隶制文明的一个发达时期。

这一时期的古羌—蜀族团何以被记作鱼凫氏？这应该同他们所处时代的社会经济有关。大家知道，四川至今也是全国水资源最为丰富的地区之一，更不用说四五千年以前的远古时代了。也正是由于这个原因，古羌—蜀族团中的一支才会从世居很久的茂汶盆地进入成都平原来捕鱼，形成后世传说中的鱼妇（或鱼凫）—鱼人国（应为渔人国）。在维持旧业的基础上，这支渔人部落又"发觉这块湖沼未涸的沮洳地内，仍有局部的陇冈丘陵是可以住人的……从而开始在丘垅上试行耕种，逐步拓展，终至于开辟了成都平原，以至于建成国家"。不用说，这支渔人部落先前在茂汶盆地居住时，大致也是以打鱼为生，并驯养鱼凫（今俗称鱼老鸹）的，而且很可能是以鱼和鱼凫为图腾的——以后又奉其为始祖和神灵。

《华阳国志·蜀志》说:"鱼凫王田于湔山。"这句话是讲,他率族人于湔水湔山之间(今都江堰、彭州、郫都区、温江一带)进行渔猎垦牧活动,但主业仍为渔猎。他们结网驾筏,驭鱼凫于岷江流域,后人遂以鱼凫族相称。彭州出土的一件东汉画像砖《渔筏图》,形象地刻画了这一场面。

在已发掘的三星堆八个坑里,人们发现了鱼凫族或鱼凫王国的许多元素,如鱼嘴形玉璋、类似鱼鹰的鸟头陶柄勺、金箔鱼形饰(一二号坑共出土19件)、长12.4厘米的青灰色鱼形玉佩(即大玉鱼)、形似蚕茧的陶质网坠模型及金杖上的四条鱼等。而金杖底部上戴齿冠的两个人头像,有考古人员推测,可能就是教会古蜀人捕鱼的鱼凫王。

关于三星堆金杖上的图案,林向先生认为是鱼、凫(鸟)、王(人头)三个字;邱登成先生则认为代表了王者兼巫师的鱼凫王。也就是说,这金杖就是鱼凫王的权杖。许多人则直接将青铜大立人指为鱼凫王像。

罗泌《路史·前纪》说:"蜀山氏,其始祖蚕丛,纵目,王瞿上。"任乃强先生则在他著写的《四川上古史新探》中指出:"瞿上者,谓关口之天彭阙,俯瞰成都平原如鸷鸟之雄视,双目瞿瞿状也。盖指今新兴公社(即彭州新兴镇)。"这里的蚕丛,当指蚕丛族团,具体是指蚕丛族的一支即奉鱼—鱼凫为图腾的渔人部落。他们以瞿上为中心,边打鱼边农耕,是为蜀族开垦成都平原之始。由于他们又是烛龙—蚕丛的后裔,所以还高扬着光明崇拜或称太阳崇拜的金乌的标识——双目炯炯、光芒四射的眼睛。他们的都城瞿上之"瞿",《说文》释为"鹰隼之视",正是鱼凫的象形。之后他们又开拓发展到更为富饶的广都之野的广汉,在那里创造了称雄千载的三星堆文明。广汉在汉代甚或更早即称雒城,因绕城而过的雒水(鸭子河)而得名。其"雒",《说文》释为"鵋鶌",是属鸱鸺类的猛禽,以双目鼓圆犀利为特征——从图腾学角度看,可视为对金乌—鱼凫的一种继承发展或是对二者的糅混合一,带有一种复合图腾的意味。三星堆遗址大量出土的不同类型的眼睛(包括纵目)造型、鸟造型(包括"鸟头把勺"),都可以在它身上对上号。

有的研究者以"图腾禁忌"为由,认为打鱼者以鱼凫为图腾可以理解,而以鱼为图腾就费解了——因为图腾禁忌的主要内容之一,就是禁止捕食图腾物类。

不过,这种看法似乎过于简单了一些。首先,对世界各地残存的图腾崇拜习俗的调查表明:图腾禁忌的表现形式因地而异,并非一种模式。在不少地方并不是一味禁止捕杀、捕采图腾物类。这是因为图腾崇拜是与原始社会生产力发展水平相适应的观念产物。在母系氏族公社时期,人们过着狩猎与采集生活,大多数图腾都是人们所狩猎和采集的对象——动植物。它们是原始人类赖以生存的必要条件。就总体而言,各氏族部落的原始先民们实际实行的是"错落图腾禁忌",即只禁捕食本氏族部落的图腾物,而将其他氏族部落的图腾物作为自己捕食对象。但也有以自己得以仰赖为生的动植物为图腾的。诚如马克思所言:"某些部落中的氏族都戒除食用成为自己氏族名称的动物,但绝不是普遍的规定。"这些氏族的图腾祭礼之一就是祈求大量繁殖图腾物,以保证其生产、生活需要。澳大利亚阿兰达部落称这种祭礼为"印蒂齐乌玛",意思是"制造"或"生产"。

这些部落的图腾禁忌只是不准滥捕滥杀。至于在大多数部落中关于不捕杀图腾物的禁忌,恰恰是针对曾经普遍捕杀图腾物的实际情况而制定的。这固然是出于对图腾始祖亲族的情感,也由于这种食物来源的短少或其他生产领域的扩大,旨在引导开辟新的来源,或强化"神圣的观念",并以此确立人伦道德规范,以维持生态平衡,进而维持整个社会的生产、生活秩序。当然,这只是就原始先民的潜意识和其效果影响而言,在当时,他们并不可能有如此明确和长远的生态平衡观念。

其次,民族学的常识告诉我们,在进入父系氏族公社以后,氏族宗教发展成为部落宗教(自然崇拜、祖先崇拜、英雄崇拜等),原先作为氏族宗教主要内容的图腾崇拜逐渐衰落(当然在衰落过程中,仍有一些新的图腾崇拜产生并混杂于部落宗教中)。在这种背景下,关于图腾的禁忌逐渐松弛,捕食图腾物的例子绝非鲜见。中华人民共和国成立前处于部落公社时代的鄂伦春族崇拜熊,并以之为图腾;他们打到熊后,便哭着抬回来,吃完后再哭一场,再将熊骨和内脏像对死者一样实行"天葬"。旧时赫哲人和鄂温克人也以熊为图腾,视熊为祖先,但也要猎熊;他们会叩拜猎到的熊,并将其头、心、肝及其他内脏进行风葬。侗族中的一支曾把鱼和始祖母都称为"萨",其古歌中还把子孙后代与鱼群相比,把族姓的鼓楼以"鱼窝"相喻,具有图腾主义的意味;然而他们仍捉鱼吃鱼,并把腌鱼作为待客的上品……

可见，对图腾物的崇拜与捕食是可以并行的。"禁忌"，本是人为的道德规范。它作为特定的自然与社会条件下的产物，其本身就包含非恒定的或然性；何况蚕丛—鱼凫时代的古羌—蜀先民已从部落公社时代向着部族社会（阶级社会）进行大转变，因而，他们在奉鱼为图腾或始祖一类的崇拜对象的同时又捕鱼、食鱼，当是不足为奇的。

从上面的交代中，我们大致已明白，进入历史时期的三星堆文化遗存（即二～四期文化遗存），应是古羌—蜀族团发展史上鱼凫王蜀时期的遗存，至少一、二号两个"祭祀坑"当属鱼凫氏遗存。当然，这一时期的鱼凫氏蜀人部族已拥有发达的农耕生产，其渔猎经济已仅是对稻田农作的一种补充。而他们以鱼凫为祖神的事实，只不过说明了他们先前曾有过以打鱼为生的经历。但这并不能用来证明三星堆文明的主要经济。三星堆古蜀社会拥有发达的农耕文化，这在后面的章节将会谈到。

王家祐、龙晦等先生认为：广汉三星堆古遗址也是"古蜀瞿上之一"，但此"瞿"不是鱼凫，而是子规，即杜鹃鸟，"广汉人首像是瞿鸟鹰头杜鹃之像"。还有不少学者指出，以出土大型青铜立人像的二号"祭祀坑"为代表的三星堆古遗址第四期文化是鱼凫及杜宇王朝政权交替之际的历史遗存。

杜宇部族是古史传说中继"三代蜀王"——蚕丛、柏灌（即柏濩）、鱼凫之后崛起并进入成都平原，加入古蜀统治集团的。他们不属于古羌（或氐羌）系统，而是属于濮越系统。他们本是朱提（今云南昭通）人，属南蒙古利亚小种族，与我国古代华南类型居民人体特征接近，为扁宽鼻型，椎（魋）髻插笄。《史记·西南夷列传》中记载云贵高原上的古民族——南夷中的夜郎、靡莫、滇、邛都等都与杜宇同属濮越系统。八座坑中出土的大量青铜人及人头的面部特征，则以古羌系统的高直鼻型为多。他们主要为辫发，属北蒙古利亚小种族，与古代华北类型居民接近。二号坑中的大型青铜立人像，便属高直鼻型，可能是古羌—蜀族团鱼凫氏王族的国王形象或巫师形象。但是，濮越系统的杜宇氏进入蜀国社会，加入蜀国统治集团，说明了当时古蜀社会的开放性；说明古蜀族团到了后来已逐渐成为一个多元民族集合的族团。以后开明氏取代杜宇氏成为蜀国统治者更是一个有力证明。

开明氏是来自荆地的部族。荆，或说是楚族，或说是巴族，或说是夜郎族；就人种而言，或说属北蒙古利亚小种族的氐羌系统（一说属华夏族），或说属濮越系统的南蒙古利亚小种族。总之，这个部族是不同于从岷山山地而来的最早的蜀部落的——即便它也属氐羌系统。此外，在西北岷山蜀人经茂汶盆地、海窝子进入广汉平原之前，这里也应当有土著人在活动。（鱼凫氏蜀人到来后，他们自然也便加入或同化于蜀族了。）遗址一期文化遗存当为见证。所以，三星堆文明是以岷山蚕丛—鱼凫氏蜀人为主，加上朱提杜宇氏蜀人以及本地蜀人共同创造的夏商时期的长江上游文明。

谁家给人开窍用斧子劈?

悠悠苍天,一直是古人探索奥秘的首要对象。天的瞬息万变和扑朔迷离、天所体现出的无所不在的主宰力量和神威及天地的开辟、形成和演进历史,曾激起上古人们无比丰富的遐思与无比大胆的想象。2 300年前楚国大诗人屈原曾代表那时的人们唱出一首震烁千古的《天问》,其起首的一段大意讲:

> 请问:关于远古的开头,谁个能够传授?
> 那时天地未分,能根据什么来考究?
> 那时是浑浑沌沌,谁个能够弄清?
> 有什么在回旋浮动,如何可以分明?
> 无底的黑暗生出光明,这样为的何故?
> 阴阳二气,渗合而生,它们的来历又来自何处?
> 穹窿的天盖共有九层,是谁动手经营?
> 这样一个工程何等伟大,谁个是最初的工人?
>
> ——参见郭沫若:《屈原赋》今译

很早以前,《庄子·内篇·应帝王》已编织出儵开凿混沌——天的奇异的故事:

南海的天帝倏和北海的天帝忽常到中央的天帝混沌处玩耍，每每受到混沌的热情款待。有一天倏和忽便在一块商量如何报答混沌的盛情。他们说，我们每个人都有眼耳口鼻等七窍，用来看呀，听呀，吃东西呀，唯独我们的恩人混沌一窍也没有，不如我们去帮他凿几个窍出来。于是他们带着斧头、凿子之类的东西去给混沌开窍。一天凿一窍，一共凿了七天，开出七窍。可是倏和忽却未曾料到，混沌经受不住如此折腾，一命呜呼了。

庄子的寓言，是用来反证其"无为"的道理的，但反映了古人开天辟地的意识：即世间本无天、地、人，只是经过倏和忽——代表迅疾的时间——开凿之后，才有了现在面目的天、地、人。

那么，古人敬畏的天神、天帝之"天"是怎样的呢？研究者们说，这是替皇帝祭天的巫师们创造出来的。甲骨卜辞中的天字从口（象人之头顶）从大（象正面人形）。何星亮先生考证说，远古时期的华夏族认为天在人头之上（所以后来有"头顶蓝天"之语），人生病或者在烈日下劳作时会头痛、头晕，这是天神威力的体现。于是，人们便在头顶上竖一方形发辫，并以头帕包上，以象征天神，求得天神的庇佑。[1]果然，头痛、头晕的现象大大减少了，这便证明天神的确存在：只要虔诚相求，是一定会得到天神保佑的。所以远古王室的巫师便根据当时人们头上的天神象征，在人形上加一"口"，以表示天或神，用以祭祀、祷祝和占卜。

1　疑为古羌—蜀族后裔即今天川、滇一带彝族"天菩萨"的来历。

至于上帝、天帝的"帝"的来历，大致也与"天"的来历相仿，也是源于原始朴素的天神观念。上古的帝又写作"禘"，最初专指祭天，就是在圆土堆或圆土台上架起柴火，上面置放玉器及牛一类牲畜，点燃烟火，使香烟直达九天，向天帝报告人间的信息，传达人们的请求。这就是史书里记载的燔祭或燎祭。据《礼记·祭法》的记述，秦汉之前的帝王们就已有固定祭天之处。现今北京的天坛，则是明、清两代皇帝的祭天场所。古人称天坛为圜丘。对三星堆遗址内原有的三个黄土丘（因之称为"三星堆"），不少学者分析说，那其实就是古蜀国王祭天的场所。

　　需要指出的是，古人祭天往往是同祭祖宗一并举行的。祭祖是祖先崇拜的一种表现形式，而祖先崇拜的基础是鬼神信仰。先秦时代的人们将死去的祖先称为鬼或精灵，认为鬼或精灵是不死的。《史记·滑稽列传》里介绍的河伯娶妇的故事，便是上古人们灵魂不死观念的反映：巫婆三老们假传河伯的旨意，每年都要将一个年轻貌美的女子投入漳河中去。显然她这一去是定死无疑的了，可是巫婆三老们却说她已去河伯的水宫里享受新婚之乐去了。而西门豹也如法炮制，接二连三地将害人的巫婆三老们投入滚滚的漳河中，还说是请他们去给河伯捎个信……这实际是利用了当时人们灵魂不死的信仰，顺其道而行之，来替邺城人民除害。

　　我们发现，1986年发掘的两座"祭祀坑"与2020—2022年发掘的六座坑，刚巧组成一组北斗星，半柄（一、四号坑）呈35度指向西北方；且八个坑坑体亦均呈35度。而三星堆的大城轮廓也是面朝西北。这当是古蜀人"灵魂不死而溯迁徙路线返归故里"观念的表现。三星堆社会居民的主体部分是从川西高原的岷江河谷下东南的一支古羌—蜀人。岷山—岷江河谷应该说是古蜀先民的祖居地,也可以说是古蜀文明的一个主要发祥地。岷山—岷江河谷正好处于古蜀国王都三星堆的西北方向。《华阳国志·蜀志》说秦昭襄王时代的蜀守李冰上知天文,下知地理。他去岷山湔氐县视察,在"两山对如阙"叫作天彭阙的地方恍惚看见有许多鬼魂精灵络绎不绝地从成都平原方向而来经过这里,去到岷山深处。《蜀王本纪》也提到天彭阙鬼魂过往的情况。这说明,在古蜀人的认识里,湔氐县天彭阙(又称天彭门)是他们从人间返归天国的天门,是"送魂"的关口。

古蜀人魂牵梦萦的天国,就是给他们生命、哺育他们成长的岷山群峰与岷江水系。

2003年岁末,从阿坝藏族羌族自治州茂县营盘山濒临岷江的台地(位处龙门山主峰九顶山山脊)上传来一条令人兴奋的消息:考古工作者在那里发现了距今5 500年至5 000年的新石器时代文化遗址(2000年10月开始发掘),出土包括彩陶与染有朱砂的石块在内的各类文化遗物近万件。其中尤为引人注目的是,发现了多座墓葬及殉人坑,其中两具骸骨十分完整。考古工作者又在15万平方米的发掘范围内探测到成千上万座规格各异的石棺墓,年代属春秋至战国时期。此外,考古工作者还在营盘山遗址周围发现数十处年代大致接近的新石器时代遗址,其中包括距今6 000年的波西遗址及距今4 500年的沙乌都遗址。根据营盘山人殉头骨提供的相关数据,著名刑事相貌学专家、中国刑警学院教授赵成文完成了营盘山人殉头像复原图。审视赵先生的人殉头像复原图，其"申"字形脸庞与挺直的鼻梁给人留下了难忘的印象。由此可以猜想：营盘山文化居民当属古羌民族，它们与后来长期居住于成都平原的四川土著人在血缘上相通。这个猜测基于以下考虑：第一，营盘山彩陶与分布于甘肃、宁夏、青海的马家窑文化（年代约为公元前3300年至前2050年）的彩陶属同一类型，仅就彩陶而言，营盘山文化可以归入马家窑文化的范畴。当代考古研究已证明，马家窑文化居民属于古羌族系统。第二，从地理位置看，营盘山文化居民从岷江河谷的营盘山进入成都平原的彭州，即便步行也只需一两天的里程。第三，营盘山遗址与三星堆遗址甚至包括金沙遗址，它们在文化遗存方面有许多惊人的相似之处，如公布的营盘山陶人面像便与三星堆遗址及金沙遗址的部分青铜人面像、金箔面具造型相近。第四，营盘山人殉与三星堆出土的大多数青铜人像似有一致的面部特征，即高直鼻梁。这在人种上应属北蒙古利亚小种族[1]，而依民族划分，则当归入古羌系统。

营盘山的发现或可证明，在距今五六千年的岷江河谷，有许多依山傍水的高原坡地、平坝与草场，应是古羌民族进行农耕与放牧牛羊的好地方。他们在这里生产、生活与繁衍，形成长江上游一处文化内涵极为丰富的新石器时代人类大型中心聚落群。有可能在距今四五千年时，他们将中心逐渐南移，在成都平原建立起以三星堆—金沙—十二桥遗址为中心的文化聚落群，并用自己的辛勤劳动与智慧，开创了古蜀人的成熟文明——三星堆—成都文明。

1　与古代华北类型居民接近。

谁是大自然的骄子？

中国素有"玉器之邦"的美誉，其最早的玉器，可以追溯到距今四五十万年的"北京人"所使用的水晶质料的工具以及距今七八千年的新石器时代沈阳新乐文化遗址内的蛇纹石凿。在距今六七千年至三四千年的仰韶文化、红山文化、大汶口文化、山东龙山文化、江浙良渚文化、河姆渡文化（中晚期）、江西新干大洋洲文化、四川广汉三星堆文化的古遗址，更大量出土有各式优良玉器[1]。直到当代，中国玉器生产绵延不绝，品种工艺代有出新，艺术风格不断演进，从而使中国一直保持着世界玉器大国的领先地位。

中国玉器制作何以源远流长且如滚滚活水洪波，愈演愈烈，蔚为人类工艺史和文化史上一大壮观？个中缘由，全在于玉的被神圣化和人格化——二者则与属于祭祀丧葬祷祝的玉礼器和属于规范道德行为的玉佩器的两大用玉系统紧密相连；而两大系统又皆发端于原始社会的玉工具。

20世纪20年代末30年代初在广汉月亮湾出土的玉石器，亦可归列成璧、琮、琬圭、琰圭、石珠、玉圈、小玉块等七种玉石礼器系列。沈仲常、黄家祥先生认为，月亮湾遗址的这些玉石礼器的时代，应相当于殷墟前后。这些玉石礼器的形制及组合方式十分接近于在殷墟妇好墓和商代其他遗存（墓葬）中发现的玉石礼器。之后又在月亮湾—三

---

[1] 这些玉器的质料包括硅质、石英、蛇纹石、透闪石、阳起石以及角闪石等。

星堆遗址进行了 36 次发掘，其中尤以 1986 年和 2020—2022 年在三星堆遗址祭祀八个坑内发现的玉石器为人瞩目。所出土的玉凿、玉镇、玉锄、玉斧及玉戈、玉斤、玉撕、玉匕（剑）等，可以归入工具、武器系列，向人们展示出三星堆文化中玉石器向礼器演变的原初面貌。

近百年来的发掘，在三星堆古遗址内，出土玉石礼器 1 500 多件，其他石器数千件。这些玉器，可谓件件珍宝，个个珠玑，令人嗟叹不已！尤其是那成组的石璧，其最大者外径竟达 70.5 厘米，孔径 19 厘米，厚 6.8 厘米，形如井盖，重至百斤以上。而玉石璋则更为引人注目：长度一般在 20～60 厘米，厚度在 1 厘米以内；个别长达一米多者，而厚度则不足 2 厘米；大而薄，且加工技术精湛绝伦，有的还刻有精美细腻的图案饰纹。

从沈阳新乐文化至河姆渡文化、良渚文化的玉石礼器的形制、组合及使用方式看，它们用玉制度的形成显然远早于中原用玉制度；而江西新干大洋洲和广汉三星堆文化的用玉制度在时间上却又与中原相当。因此，究竟谁影响谁，实在该打个大问号。而这些个大问号，则再一次地说明，中华文化的起源是多元的，"满天星斗"似的，断非"中原起源"说能以蔽之的。

自新石器时代晚期到商周时期的四五千年间，一波又一波的个性鲜明的玉石礼器"族团"竞相崛起于长城内外、黄河上下、大江南北，蔚成满天星斗、云蒸霞蔚之势。晶莹清纯、端庄沉稳的玉，在国人心目中的地位愈来愈高尚，愈来愈伟岸，愈来愈深邃，成为"天地之精，且为阳精的至纯之品"；又是与天地相通，界于天堂与人间的媒介或桥梁。与此相应,关于玉的各种说法和故事也联翩而至:玉能使尸体不腐,起死回生,于是有了《周礼·春官·典瑞》的"*大丧,共饭玉、含玉、赠玉*"的记录;玉能使人长生不老,永葆青春,于是道家便有吞食玉屑以求长寿者出现;玉有灵性和植物的秉性,于是又有了《红楼梦》里贾宝玉即"通灵宝玉"的说法和《搜神记》里孝子杨伯雍无终山麓种玉得妻的故事……

于是,玉——这个大自然的骄子,终由原初的工具之器,中经沟通天地人神的礼器发展成神通广大、无所不能的法器、神器。与此同时,玉又被赋予了人的道德化、理想化,从而走向了人格化。被人格化了的玉遂被演绎成儒家进行道德说教的工具。如《礼记·玉藻》提出:"凡带,必有佩玉,唯丧否。佩玉有冲牙。君子无故,玉不去身,君子于玉比德焉。"要求君子时刻佩玉,时刻用玉的品性要求自己。大致自春秋—战国时期开始,"君子必佩玉"渐成为广大士大夫阶层乃至普通士子、普通老百姓的一种社会风尚,直迄近代,2 000多年间长盛不衰。与此相应,从头到脚的各种玉佩饰也逐渐完备起来,形成一套人格化的玉佩饰体系。

令人惊奇的是,在相当于商代中晚期的古蜀国三星堆遗址出土的可作为佩饰的玉器亦很可观,有璧、瑗、环、钏、管、玦、珠、片、佩等,其中最引人注目的是一号"祭祀坑"出土的长12.4厘米,上有一穿孔的青灰色鱼形玉佩。据称,"该器可能是用于大型面具或人物的'耳坠'"。

玉器在三星堆遗址出土文物中系最大宗,几占总数的一半,考之全国新石器至商周时代的出土文物亦然。显然，新石器至商周时代，是中国玉文化的发生与发展中显见雏形时期，也是从所谓玉兵或玉器时代到铁器时代的大转折或大嬗变时期。导致这个大转折或大嬗变时期的关键因素是青铜工具，而它的产生和广泛应用，也是最终得以形成仪态万方、举世无双的中国玉文化的根本前提，亦是包括三星堆遗址在内的各地商周遗址中玉器多于青铜器的重要原因。[1] 而玉石器的优质高产，则对用玉制度的最终形成打下了坚实基础；用玉制度的形成和发展，反过来又推动着玉石器工艺制作向更深更广的领域的大进军，从而最终使玉"深深地融合在中国传统文化与礼俗之中，充当着特殊的角色，发挥着其他工艺美术品不能替代的作用，并打上了政治的、宗教的、道德的、价值的烙印。"

从新石器时代晚期到商周，中原玉石文化中作为礼器最重要者当推圭、璧、琮、璋；而在三星堆文明时期的古蜀社会，其玉石礼器中的重器则当推璧、璋两类。[2] 其主要根据在于出土最多，制作最精，形制最大且成组成列，阵容威严。三星堆玉石礼器是自成系统的，即以璧、璋领衔，辅以琮、戈、瑗、环、斧、斤、凿、佩等，蔚成富有西南内陆盆地特色的古蜀玉石文化大观。所以，打头的璧特别硕大无朋，形如井盖且多为灰黑色沉积岩制成。明人曹昭《格古要论》说："黑玉，其色黑如漆，又谓之墨玉，价低，西蜀亦有之。"与曹昭同时代的大养生家高濂的《遵生八笺·燕闲清赏笺》则持相反意见，言："墨

1　金属工具的存在使得玉石器的制作比青铜器的制作相对容易些。
2　三星堆遗址出图的玉琮比较少，但三号坑出土的神树纹玉琮则堪称国宝。

玉如漆者佳，西蜀有石类之。"明人关于墨玉优劣的评价当然与远在殷商时代的蜀人搭不上界，但蜀出墨玉却大约是事实。其产地大致就在今天都江堰市西北的玉垒山—白沙河一带——这一带多灰黑色沉积岩。《华阳国志·蜀志》说：古蜀"其宝则有璧玉……"。璧玉就是可以为璧之玉。《华阳国志》佚文则记玉垒山—白沙河出璧玉。玉垒山系岷山余脉，白沙河属岷江水系。三星堆文明时期的岷山—岷江一带乃属蜀族发源地和势力范围之所在，因而由此采玉供作三星堆王者祭祀用璧之需，当在情理之中。

按照《周礼·春官·大宗伯》的说法，璧中最要紧的乃素璧、谷璧和蒲璧。后二者即如"子执谷璧，男执蒲璧"。谷璧上带有成排的密集的小乳丁，乳丁上雕成漩涡状，示其为谷芽；蒲璧指带有极浅的六角形格子纹的璧，这种纹有些像编织的蒲席。谷璧、蒲璧主要见于战国和汉代，一般都很小，直径超过20厘米的极罕见，且表面光亮，制造极精。战国时期这种玉璧既为珍宝，也作人身佩饰、抵押品、赏赐品、礼仪用品及馈赠用品使用。《周礼》上礼天之璧为大素璧，亦为苍璧[1]。古蜀人大致没有这种讲究。他们因地制宜，就便取者乃玉垒山—白沙河所出墨玉——苍青得近墨之玉（当为黑灰色，真正漆黑如墨之玉难寻）。而他们礼敬天地祖先神灵的心地又十分虔诚，因此便将璧做得特大——这其实是与其源出青藏高原—川西高原的西羌血统相适应的。作为高原儿女、大山儿女（从主要成分来看）的三星堆古蜀国居民，从本质上讲，具有豪放粗犷、不假虚饰、恣意张扬心旌

---

1 苍璧，以深青色的璧玉（或言青玉）所制。

的一面。所以，我们才会在其遗址里发现那一副副貌似狰狞的巨大青铜面具，发现那些个或凸目宽嘴龇牙大耳或肌肉暴绽、具有拔山盖世之势的大力士，发现那一只集各种动物于一体、昂首长嘶的大神兽，发现那一条粗壮敦厚、朴实可爱的大玉鱼（与中原及江南出土的玲珑纤细的玉鱼风格迥异）。广汉月亮湾的那些被人视为"粗糙而笨重"的大石璧，可能也正出自酷爱和喜制大型器物的这批毫无羁绊、潇洒倜傥的古蜀艺术家之手。也正是由于其所制璧庞大得令人咋舌，致使研究者们"因为所在特定的地理环境，制造大型的璧，难得寻找到如此体积大小的玉石（成都平原内难以寻之），故不能以玉为之，只能用石制，乃称为石璧了"。

三星堆遗址出土玉石器中，以璧、璋为多，且形制最大；而在这之中，则以璋数量第一。

何为璋？按《说文解字》的解释："剡上为圭，半圭为璋"。这大致是说，所谓璋，即指将一件呈⌂形的尖头圭[1]，从锋尖开始，由上而下纵劈而得之半圭。如此形制，其实就是二号坑中所出土的几件被人们称为"边璋"者。《周礼·考工记·玉人》说："大璋、中璋九寸，边璋七寸……"周代的1寸约等于今天的2.31厘米，7寸边璋即等于16.17厘米。而在三星堆二号坑出土的边璋中，那件绘有大山、太阳、大手图案的大边璋，通长竟为54.4厘米。一号坑出土的另一件大边璋仅残长就达162厘米（估计实长近200厘米），宽22～22.5厘米，厚1.8厘米，为国内罕见，可谓"边璋之王"。有些研究者故而认为，

1　由石斧演变而来。

这不是边璋。其实,《周礼》乃战国晚期时代的儒书,它既是对过去时代礼制的总结,更是立足于当时而对未来社会伦理道德的理想勾勒。因此,它不能成为评判新石器时代晚期至殷代及西周中原礼制和礼器的准绳或圭臬;更不用说去评判那时期的古蜀礼制和礼器了。

古蜀人由于有着自己的民族禀赋和文化积淀,因此在器物造型上多显示出雄浑、粗放、豪迈的风格。纵观三星堆遗址所出之璋,无论石质还是玉质,尺寸则从几厘米到一百多厘米者皆有之,远出于《周礼》所记璋之规格。所以笔者主张不必拿《周礼》所记来套三星堆所出玉石璋。既然大家都习惯边璋的叫法,约定成俗有何不可?不过从形制上看,被称为边璋者,顶端似由长方形斜切边而呈钝角状,颇接近于汉武氏祠画像石里《祥瑞图》中的尖峰玄圭之半。

对于三星堆遗址所出"牙璋"也当作如是观。何为"牙璋"?论者一直各执一端。其实即连"璋"之形状,也是众说纷纭。明智的态度,应该具体问题具体分析。今天我们所见到的三星堆古蜀"牙璋",大致就是大开叉形和鱼嘴形两种。其实两种都是峰尖开叉,只是鱼嘴形是其射(倾斜的刃部端边)向内弧,至顶端开小叉,近似鱼嘴。它与除"边璋"以外的上宽下窄、顶端大开叉的其他璋不同。

第二章：天门之问

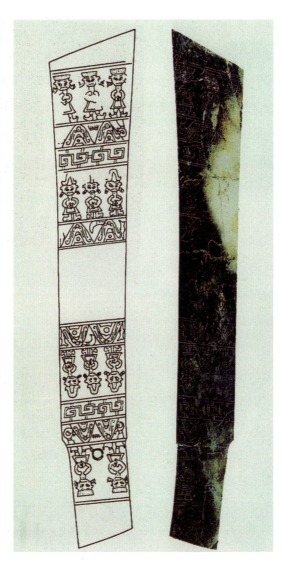

三星堆玉璋与图案

上述分析，我们大致已较清楚，作为三星堆玉石礼器中两大重器之一的璋，可归纳为两大属三大种，即所谓边璋和牙璋两大属，牙璋属内有大开叉形和鱼嘴形两种，连同边璋共三种。

三星堆形制各异、从大到小成系列组合的璋的用途是什么呢？笔者认为也是祭祀天地祖先和大山，特别是大山的。这一点颇类于汉儒郑玄对《周礼·考工记·玉人》的注[1]。理由如下：

第一，璋中有"明显的火烧裂纹"者，如二号坑出土的那件刻画有大山、太阳、大手的边璋。这是"烧燎祭天"的痕迹。

第二，所有的璋，特别是牙璋，都可视作山峰形。这是对大山的模仿。

第三，二号坑那件边璋共刻画 4 幅图案，每幅都含有并突

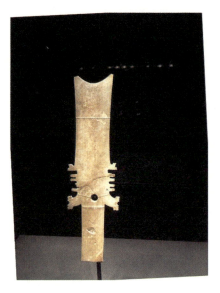

三星堆玉璋

三星堆玉琮

---

1 其称璋为天子巡狩时祭祀山川的器物。

出大山的内容，且刻有牙璋的造型。（参见《广汉三星堆遗址二号祭祀坑发掘简报》）

　　璋以祭山，正是源于古蜀人多是高原、大山的儿女。他们在三星堆立国建都后，忘不了岷山故地，忘不了川西高原的山水养育之恩，因而便用采自岷山的各类玉石，制作出这些带有大山图案和代表大山形象的各类牙璋、边璋来祭祀祈祷。其中的鱼形牙璋大概又含有三星堆居民对其鱼（鱼凫）族先祖的追念之情。而祀山的本质又是祀天、祀上帝、祀天神、祀祖宗。因为山离天最近，似与天界相通。在天界以内，有上帝，有诸天神，亦有死后灵魂不灭、由大山返归天堂的列祖列宗。所以三星堆遗址出土的玉器多带有燔（焚烧）燎（柴祭）后的痕迹。按《尚书》《尔雅》《通典》等的记载，中原自上古虞舜时代即开始了燔燎。其祭祀时，先在圜丘（代表大山）上积柴，柴上放置牺牲、玉帛之类。而后燔烧，让烟和气味上达于天，以祈求天帝和先祖的保佑。《尚书》等的记载大致反映了先秦时代今天中国地域内的氐羌系统和华夏系统（这两大系统关系最为亲密）各族先民大体一致的礼天敬祖观念。从出土文物看，特别是从那些颇为壮观，成列成组的璧、璋体系看，古羌—蜀先民的祀山礼天敬祖意识并不亚于中原华夏居民。这正是三星堆的璧、璋，或者说是三星堆的玉石文化特别浑厚博大，特别具有震撼力的谜底之所在。

太阳神话与鸟形象

四川珙县"僰人悬棺"壁画上的太阳图案（圆形者）

三星堆二号坑出土一种青铜"轮形器"（共6件），它们呈圆形。已修复的两件直径约为84厘米；中心似轮毂的大圆泡的直径约28厘米，有五根似轮辐的放射状直条与外圈相连。这应是三星堆先民太阳崇拜的遗物。"轮形器"的中心大圆泡可释为太阳，放射状直条可谓四射的光芒。将太阳描绘成"轮形器"，是世界各国太阳崇拜民族比较一致的一种简易画法，如我国青海乐都县（今乐都区）出土的彩陶盆上的太阳纹，广西宁明花山岩画上的太阳图案，四川珙县"僰人悬棺"壁画上的太阳图案。

太阳崇拜是以天体为对象的自然崇拜中的一种。在人类未形成之前，太阳便已存在了。人类诞生以后，太阳作为一种自然物体，与人类朝夕相处。但在人类社会的早期，即原始采集、狩猎时代，尚没有产生太阳崇拜。因为尽管太阳对人的影响较为显著，但毕竟未对人的生活和生命安全产生直接影响；与人的生活、生命安全利益攸关的是野菜、野果和各种动物（包括凶禽猛兽）。但是，进入新石器时代以后，即人类能够进行生产性的农业和畜牧业以后，太阳与人，有了直接的利害关系，人们才感觉到太阳对生产和生活所形成的巨大影响，感觉到自己的劳动成果受到太阳的制约，从而促使人们更多地思考太阳，猜想太阳。人们观察到，春天，在和煦温暖的太阳光照射下，农作物、牧草和其他各种植物开始发芽、开花和长出新枝，并在日照时间较长的夏秋两季长得特别快，结出果实。原始人不理解太阳的奥秘，便以为太阳具有能使万物复苏、生长的超自然力量，甚至视之为丰产的主要赐予者。不过，太阳的脾性是难以捉摸的：有时顺乎人心，能尽如人意；有时却故意与人作对——需要它时不出来，不需要它时却偏偏烈日当空。因此，原始社会的人们即以为，太阳也像人一样，有灵魂，有喜怒哀乐，进而形成太阳有灵观念。后来，人们又逐渐把太阳人格化，且视之为神而加以礼敬或祭祀。如印加帝国的太阳神殿（在今秘鲁库斯科），中国各地史前文化或奴隶制文化时代的各式太阳造型的器物，当是这种太阳祭祀的供奉物。

我国殷墟出土的甲骨文中也有许多关于"宾日""出日""入日"的记载，反映了殷人在日出和日落时都会加以礼拜。古籍《尚书·尧典》也有"宾日"于东,"饯日"于西的记载。那时,并没有固定的拜日场所(如北京的日坛那样),只是每天早上向着太阳作揖、跪拜而已。诚如《史记·封禅书》所云,天子"朝朝日,夕夕月,则揖"。所谓"朝朝日,夕夕月",即如《汉书·匈奴传》所记:"单于朝出营,拜日之始生,夕拜月。"近代尚处于原始部落社会阶段的新疆阿尔泰乌梁海人仍保留着在家门前拜朝日的习俗。东北的鄂伦春族每年正月初一,无论大人小孩都要向太阳行跪拜礼,祈求降福于他们;而他们遇到困难时,也都要面向太阳祷告诉苦,以求慰藉。可见,秦汉以前的中国各族,无论是否已进入文明时代,但在敬奉与祭拜太阳神的方式上,则大体是趋向一致的,即不拘一格,因地制宜,态度虔诚而方式简捷。相对来说,处于殷商时期的三星堆先民在祭日文化方面,要比其他各地区各民族发达一些,因为到底已有了专门的祭日工具或象征物——"轮形器"(应为"太阳器")。

不过,按照文化发生学的原理,文化的发生与发达通常是与文化的需求程度成正比的。广西宁明花山岩画到底表现什么主题,学术界长期争论不已,

三星堆青铜太阳轮形器

而何星亮先生运用文化发生学原理轻易地破了这个谜。他指出，花山岩画表现的是一种崇日仪式，因为岩画中有光束、无光束或中有"+"形的圆圈，都是太阳的形象；而众人双手高举，则是作祈求日出状。画面上的人们何以对太阳表现出如痴如醉、五体投地和殷切期盼、孜孜以求的热情呢？这是因为"广西地区雨水很多，春夏两季有时甚至一两个月阴雨绵绵。倘若稻谷出穗后或成熟后长时间没有太阳，那将会造成很大的损失。因此，古代壮族自然会想尽办法祈求日出。制作太阳形象，并以巫术形式祈求日出大概是其中一种。"（何星亮：《中国自然神与自然崇拜》）而对殷商时期蜀人生活的川西平原来讲，这情形比广西壮族先民是有过之而无不及的。这里湿度大，云雾多，夏季多暴雨，秋季多绵雨，大部分地区平均降水量竟达 1 000 毫米左右，所以古有"漏天"之称。更糟糕的是日照奇少，年日照居然只有 800～1 100 小时，为全国日照最少的地区之一。所以很早时候外乡人就以"蜀犬吠日"来予以揶揄。这也就难怪蜀地会有比其他地区高出许多的祭日文化。

在中国神话史上还有一个值得注意的有趣现象，就是各地各民族都盛行射日神话，唯独蜀地蜀人多祈日、盼日、护日神话，最典型者莫如至今尚流传于川西坝子上的《两兄妹守日月》神话。该神话说：

> 太阳和月亮是天老爷的两件宝贝。天老爷舍不得用，把它们放在柜子里长期珍藏着。天老爷有一儿一女，十分淘气，没事就在屋子里东翻西翻地搜索东西。一天，他们终于翻出了太阳和月亮这两

件宝贝，觉得光亮亮的，十分好玩，就偷偷地拿到屋外宽敞的地方去耍。哪知他们在天上耍得尽兴，却把地下照得通亮。于是，地上生发出树木、花草、庄稼、牲畜和人……后来两兄妹耍厌烦了，又把太阳、月亮拿回家去；地上便大乱了，一片漆黑，庄稼、树木、花草等都蔫耷着脑袋，没有一丁点儿生气。众人无法活下去，便烧香磕头，祈求天老爷把太阳、月亮借出来使用。天老爷这才知道是儿女们惹出来的祸，但委实舍不得拿出自己的宝贝来。于是，太上老君发话了，说："既然这两样宝贝对地上有用，就拿出来用一下吧！不然，把地上的人们逼慌了，不敬神，便断了天上的香火。"天老爷这才依依不舍地交出太阳和月亮，但是，却害怕丢失，就交代两个儿女轮流把守……

川西平原流传的《太阳宝和月儿光》神话则说：

盘古王虽然开辟了天地，但世界却没有光亮，天地漆黑一团，也没有热气。人们禁受不住，去求天老爷。天老爷放出一个红彤彤的火球，人们喜欢得不得了，当作宝贝一般，称作"太阳宝"。可是，因为天地太黑太冷，一个"太阳宝"还不顶事，人们又去求天老爷，于是天老爷接二连三地放出许多"太阳宝"……

神话传说是人类社会生活的折光。各地各族众多的射日神话，都与严重的天干旱魃有关，如《庄子·齐物论》说："昔者十日并出，万物皆照。"《论衡·感虚篇》讲:"儒者传书言:'尧之时,十日并出,万物焦枯'。"为此,人们创造出"后羿射日"和"夸父逐日"一类缠绵悱恻而又悲壮动人的神话故事,表达出渴求日柔雨顺的愿望。这与川西坝子祈日、护日神话传递出的企求多日照、少雨水的信息恰好相反,形成一个泾渭分明的鲜明对比。

夸父逐日(选自明代蒋应镐《山海经图绘全像》)

《广汉三星堆遗址二号祭祀坑发掘简报》报道,在三星堆二号坑出土的一件大型玉石边璋(3件边璋中的一件)上,即刻画有两座大山,"山上有一圆圈,似代表太阳。圆圈两侧分别刻有成八字形的云气纹,云气纹下是一座小山,山的中部也有一圆圈(按:亦应是太阳),圆圈下还有一座小山。两座大山的两边各有一只大手,作半握拳状,拇指按着大山的山腰。"[1]这件边璋上的刻画,应是古蜀地的自然环境

---

1 边璋上同面类似图案还有一幅。边璋为双面刻画,另一面图案也是双幅,内容不变。

和古蜀人心态的形象写照。四川盆地是我国著名的内陆封闭性盆地，四周为海拔 1 000～3 000 米高的大凉山、邛崃山、龙门山、大巴山、巫山及云贵高原上的大娄山等山脉环抱，加上多云多雨，长期阴郁闷抑，令人窒息浮躁。因此古代蜀人希望日光普照，打破阴湿沉闷，争取一个自由清朗光明的生活环境。有力的大手把握大山，正是古蜀人这种力求把握住自己命运的坚强信念和斗争精神的艺术表现。

在从混沌蒙昧的原始社会走向文明社会的历程中，古蜀人为了挣脱束缚，打破封闭，曾付出过今人无法想象的艰辛努力。川西平原流传有一则《天和地的来历》传说，说的是"勇力神"夫妇用自己的血肉之躯，强行从地缝中撑出了天和地，使人类见到了光明，他们自己却倒下了。现在，一早一晚太阳出来又落下去的时候，天上地下都有一片红色，那就是勇力神夫妇的血染红的。勇力神争取光明，呼唤太阳的故事，其慷慨悲壮、可歌可泣的色彩，实在不亚于中原大地及南方其他地区所流行的女娲补天、精卫填海、盘古王开天地及夸父逐日、弃杖成桃林的故事；且震撼人心的烈度、荡气回肠的魅力，远超出后者。前述三星堆二号坑玉石边璋上那用拇指按着太阳之下的山峰，其象征意义，不正是蕴藏于"勇力神"夫妇之类的蜀人"开天辟地"的故事中吗？

原始社会的先民们在与太阳长期共处中观察到，太阳能促进树木花草和农作物的生长、成熟，能给人带来光明、温暖，还能明辨善恶，洞察人间。所以，大约在进入新石器时代以后，便开始奉太阳为丰产之神、保护之神及光明正大、明察秋毫之神。三星堆二号坑出土的那尊高达 2.608 米的大型青铜立人像，就糅合进了传说中的太阳神形象。在中国日神传说中，太阳往往又被异形为莲花。《淮南子·地形训》高诱注说："若木上有十日，状如莲华。"据何耀华先生调查，旧时云南昆明西山区大小勒姐等村的彝族，每逢农历冬月二十九日都要举行"太阳会"。村人到山神庙中去祭祀"太阳菩萨"。祭祀时，用五色纸书写"太阳菩萨"几个字，念《太阳经》7 遍，供品上雕刻的象征太阳的图案就是莲花。三星堆大型青铜立人像头上戴的那顶高 17.7 厘米的花冠，繁茂怒绽，明显如盛开的莲荷。这与古巴蜀符号中的 ✹（任乃强《华阳国志校补图注》释为古蜀的"日"字）是一致的。因而，这青铜立人像的造型，似可释为头顶太阳，是古蜀人顶礼膜拜和祈祷的对象。

值得一提的是，在中原古史传说中，头顶太阳的形象是天帝少昊。他是黄帝与嫘祖在江水所生之子青阳。甲骨学专家们考证说，少昊部落集团各氏族"全是鸟的名字，明显的是图腾的残迹"；又说少昊是商人的先祖，商人又曾以太阳为名，奉太阳为神。少昊的昊，从日从天，是头顶太阳的人。可以说，少昊一族是集鸟崇拜（属图腾崇拜）与太阳崇拜（属自然崇拜）于一身的部落族团。

1996 年，四川考古工作者完成了对三星堆二号坑出土的一号青铜树的修复工作。修复后的主干高度达 3.96 米，枝尖残缺。枝干分三层，每层有三枝，每枝上立一青铜鸟。《山海经·海外东经》说："汤谷上有扶桑，十日所浴……九日居下枝，一日居上枝。"《淮南子·地形训》则云："若木在建木西，末有十日，其华照下地。"由此推测，如果三星堆青铜神树是按神话传说中的"扶桑"或"若木"的形象（在商周时代关于它们的传说想必很盛行）设计的话，那么，这神树残缺的树尖部分应当还有鸟，总共该有十鸟。或者说，还应有一日，总共该有十日。十鸟即十日。

世界上不少民族的传说，都将鸟视作太阳的象征。如古埃及的鹰神荷拉斯即为太阳神；在古波斯人的钱币上，其作为太阳子孙的国王的皇冠上，便装饰着象征太阳的翼翅；中美洲的印第安玛雅人的太阳神也与乌鸦相联结，在他们的传说中，日神是一只乌鸦变的。然而，将日与乌鸦联系得最为紧密与广泛、持久者则数中国古代的神话传说。中国古籍中常说的"金乌""赤乌""阳乌""踆乌"，即指太阳。《淮南子·精神训》言，"日中有踆乌"。高诱注云："踆犹蹲也，谓三足乌。"《山海经·大荒东经》也说："汤谷上有扶木，一日方至，一日方出，皆载（戴）于乌。"郭璞注云："中有三足乌。"山东肥城孝堂山石室画像中之日像即画一圆日，中有乌。四川出土的汉代石棺上，亦刻有金乌驻日的图样……这些都是上古神话在艺术中的具体表现。为什么古人要以乌鸦比太阳呢？何星亮先生认为，这是由于古人观察到太阳中有黑子[1]，而乌鸦色黑，故比之为乌；至于日中的乌鸦有三只足，主要是为了表明此乌不是凡乌、凡鸟，而是神乌或神鸟。

目前，三星堆八个坑所出青铜鸟形象（包括青铜鸡、大鸟头、鸟头柄勺、鸟足、人面鸟身像等）多达二三十件。2023年6月，四川省

1　在甘肃临洮沙村辛店文化遗址出土的一只彩陶罐上绘制的太阳中，描有一黑点，这是青铜器时代中国观察太阳黑子的证明。

文物考古研究院在二号坑、八号坑拼接的鸟足曲身顶尊神像基础上，又结合三号坑的爬龙青铜器盖、八号坑的青铜持龙立人像、青铜杖形器，再次完成了一项宏大的跨坑合体艺术，形成现在通高 2.53 米的铜罍座倒立鸟足顶尊神像。神像呈鸟体獠牙威猛形态，既具中原文化的特点，更有古蜀文化的本色。它以顶天立地、一柱擎天的形象，彰显出商代后期南方鸟崇拜独有的美学神韵，令观者无不驻足仰止。

三星堆鸟首形青铜铃

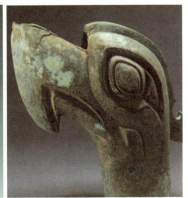
三星堆青铜鸟首

三星堆青铜鸟（1）

三星堆青铜鸟（2）

三星堆凤冠青铜鸟

三星堆青铜鸟脚人像（上半身缺）

三星堆青铜鸟爪人像

三星堆陶鸟头勺把

　　三星堆二号坑内还出土有至少 40 枚呈菱形或半菱形的约五六十厘米长的青铜器，上面模压如眼球的纹饰，似人或动物的眼睛；还有比纵目人面像上那凸起呈柱状的眼球略短的大小青铜眼珠二三十件。这些青铜眼睛和眼珠看起来不像是诸多青铜面像上的配件，因为它们与青铜面像上的眼睛形状不一样，应是单独存在的器物。与此相应的是，三星堆遗址所出土的一种陶盉——封口盉上，有的也在封口部分捏出眼睛；而在三星堆遗址出土的陶器上，有一种刻画符号就是眼睛的象形。如此众多而怪异的眼睛造型，在三星堆文化中到底象征什么呢？

　　由此我们想到了至今仍在南方一些民族地区流行的鸡崇拜—鸡占卜，特别是鸡眼占卜。例如川、滇、黔一带的部分苗族，男女青年在举行订婚仪式前，通常要将一只挤死的公鸡（不能用刀杀，因见血不吉利）放在锅里（鸡头朝东）煮熟，然后当众检查鸡的双眼是否全睁或全闭，如是，则大吉大利，可以缔结婚姻；如双眼一睁一闭，或睁

三星堆高柄豆

闭的大小不一致,即为凶兆,婚姻即告吹。清秦嘉谟编纂的《月令粹编》"鸡卜子"条下注中引隋杜台卿《玉烛宝典》则说:"蜀中乡市,士女以人日击小鼓,唱《竹枝歌》,作鸡子卜。"更早,《史记·孝武本纪》也记述说:"乃令越巫立越祝祠,安台无坛,亦祠天神上帝百鬼,而以鸡卜。上信之,越祠鸡卜始用焉。"唐张守节撰《史记正义》载:"用鸡一、狗一,生,祝愿讫,即杀鸡狗煮熟,又祭,独取鸡两眼骨,上有孔裂,似人物形则吉,不足则凶"。可见,以鸡眼卜吉凶,当是一种跨地很广、流行甚久的原始巫风。三星堆出土的眼睛器物及其造型,当是这种巫风源头之一的实证。三星堆带有眼睛刻纹的Ⅰ型高柄豆和封口部分捏出眼睛形状的封口盉,经碳十四测定其年代约在公元前19世纪;而在公元前20世纪的二里头类型的封口盉上,也发现有捏出的眼睛。对此,邹衡先生提出,这是"夏后氏以鸡夷"之鸡夷[1]。由此,或许可以推测:黄河流域的鸡崇拜—鸡占卜之风更早于蜀地或长江流域,或者,二者之间有着某种共通甚至继承、传递关系。

---

1 亦作鸡彝,乃仿自鸡或鸟。

东晋郭璞的《玄中记》说:"蓬莱之东,岱舆之山,上有扶桑之树。树高万丈。树颠常有天鸡,为巢于上。每夜至子时,则天鸡鸣,而日中阳乌应之;阳乌鸣,则天下之鸡皆鸣。"东方朔《神异经》则说:"脚巨洋海中,升载海日。盖扶桑山有玉鸡,玉鸡鸣则金鸡鸣,金鸡鸣则石鸡鸣,石鸡鸣则天下鸡悉鸣。"《艺文类聚》卷九十一引《玄中记》的一段又说:"东南有桃都山,上有大树,名曰桃都,枝相去三千里,上有天鸡,日初出,照此木,天鸡即鸣,天下鸡皆随之。"联系《山海经》扶木(桑)上有日有鸟的记载,原来,在原始先民的意识里,鸡、鸟(乌)、太阳竟是相通的,都是一回事[1]。在中国各民族的太阳神话中,被射后剩下的太阳(有时也有月亮),总是躲在某处,人间一片黑暗,各种动物均去叫唤太阳,但唯一成功者是公鸡。因为鸡与太阳——生命具有相关性,因此鸡也被视为灵魂的载体,故而原始先民们也崇拜鸡(主要是公鸡),以鸡作为占卜的神判[2]。所以,我们今天才会在三星堆遗址发现大量的鸡眼造型,带有鸡喙特征(上嘴弯曲)的"鸟头把勺"、陶塑鸡冠,以及青铜神树上那一只"昂首垂尾"的青铜公鸡。

---

1 在今天的苗族传说中,仍认为公鸡是太阳的外甥。
2 直迄近代,某些地区仍有"鸡招",即以鸡召唤魂魄的巫风。

竹崇拜和川西林盘

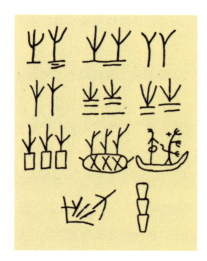

"巴蜀图语"中具有竹图腾或竹族徽性质的单符

四川是竹的一处密集地和原生地。据《四川日报》2021年6月23日的报道,四川竹林面积1 815万亩,为全国竹林总面积(9 525万亩)的19%;竹品种400余种(以世界面积最大的天然竹林景区——蜀南竹海为例),占全国竹种类(500余种)的80%。无论竹林面积或种类,四川都雄居全国第一位。这还是在现代工业社会林木被大量砍伐情况下的统计。可以想象,在数千年前的巴蜀地域,竹林更当处处入目,铺天盖地,笼罩四野。在2020—2022年三星堆的新一轮发掘中,考古工作者于四号坑的灰烬层中发现的植物,竹亚科占90%以上。当然,我们还可以从古籍里寻到一些证明。《华阳国志·蜀志》说:"岷山多梓、柏、大竹。"《汉书·志·地理志下》则说:"巴、蜀、广汉本南夷,秦并以为郡。土地肥美,有江水沃野,山林竹木疏食果实之饶。"《后汉书·隗嚣公孙述列传》亦述巴蜀:"名材竹干,器械之饶,不可胜用。"

竹,从远古时代起,就与古羌—蜀先民朝夕相伴。人们将它广泛

第二章：天门之问

地应用到社会生活的许多方面（包括军事、经济领域的许多方面），例如以竹为矛、弓弩[1]，以竹米、竹笋、竹荪、竹鼠、竹蜜、竹虫为食，以竹筒酿酒、焙茶、煮饭，以竹笕引水，以竹索造桥，以竹笼治水，以竹筏、竹篙运输……也正是由于太过依赖竹，或者说竹表现出太多的奉献精神，所以，古羌—蜀先民出于感激之情而将竹奉为值得尊敬或畏惧的众多图腾之一而加以崇祀，便毫不奇怪了。

　　巴蜀史研究者们从战国时期的巴蜀墓葬青铜器及陶、木、漆器上发现有百余个被称为"巴蜀图语"的单符（单体符文或图像），并识别出上面的龙、虎、凤、鹰、蛙、蝉、鹿、龟、鸡等古代巴蜀各族所崇拜或禁忌的各种图腾。实际上，沿着上述研究者已有的思路——从象形（也是中国文字和图画发生的最初形式）的直观可辨性出发再行考察，我们还会发现，作为巴蜀图腾或族徽的单符并不止于此，因为尚有大量刻于兵器（如青铜剑）和乐器（如铜錞于[2]）上的单符是可以视作植物的。它们应是古羌—蜀先民植物崇拜的对象。这些植物显然给古羌—蜀先民帮助太多，简直到了须臾不可离的地步，以至于在古羌—蜀先民心目中形成一种神通广大的威慑力量。因此，古羌—蜀先民将它附于行军打仗的随身兵器或乐器上，不仅显示出对这类植物的敬畏，亦带着感激与希冀之情，企图继续借助它的神秘而无所不达的力量赢得战争的胜利以及氏族部落乃至于民族的更大发展。由于有

1　直迄魏晋时代，白竹弓或侧竹弓依旧是巴蜀军队的一大特色，并由此生出诸如蜀安阳王神竹弩以及"吴人爱蜀侧竹弓弩"的故事。
2　《周礼·地官·鼓人》："以金錞和鼓。"郑玄注："錞，錞于也。"《国语·晋语五》："战以錞于，丁宁，儆其民也。"韦昭注："錞于，形如碓头，与鼓角相和。"

关这类植物的图符不仅在巴地出土的器物上有,在蜀地的出土物中也有大量发现,因此,这类植物就不可能是仅在渝东三峡一带生长的芭茅[1],亦不可能是古代四川植被中不太普遍的桤、柳、松、柏或其他灌木。无论是从植被的广布(遍及几乎整个巴蜀大地特别是川西地域),还是生长期的悠长(多年生常绿),抑或同巴蜀先民所结下的不解之缘来看,所谓"巴蜀图语"上所表现的这类植物图腾,都当属竹无疑。今四川大学博物馆所藏铜錞于上的那幅带船的图符,一般被认为是竖立于船上的大树和凤鸟(或曰鸟状神树),"是具有神意或徽号、旗帜的专用标识",是居于长江流域的巴蜀水上居民的生活、生产、战争乃至于祭祀、丧葬文化的反映。不过,无论是树帜(以树为帜)、凤鸟抑或鸟状神树,其造型的参照物仍极有可能是枝杈密布、叶如箭镞而主干挺拔的竹。用树枝和枝叶架构成凤鸟(由古蜀人的鸟—鸡图腾转化而来)状且枝杈纵横、叶脉如网、主干兀立的情况,与广汉三星堆二号"祭祀坑"出土的6棵青铜神树(已修复一、二、三号神树)属同一类型。

其实,古羌—蜀先民竹崇拜的情形在日常生活中比比皆是,不独反映在晚期巴蜀文化青铜器的"巴蜀图语"与祭祀礼器上。处于新石器时代晚期—早期巴蜀文化的食器——陶豆,其"高柄往往长达30多厘米,但直径却仅有4～5厘米。柄部中空,有的还与盘、座穿通,有的中段加粗成竹节状"。竹节长柄豆在大渡河流域的汉源背后山类

1　别名为芊青、芊芒,仅在夏秋之交得以短暂生长。

型及川西广汉中兴场类型（包括新繁水观音、成都羊子山、绵阳边堆山等）皆有出土。竹柄豆显然是模仿竹子形态而制的。这一时期川西南横断山区—礼州文化类型（特别是早期文化层）出土的陶器纹饰，也大都是划纹和竹篾纹。

　　古羌—蜀先民的竹崇拜还在军事上有所反映，最为突出的是代表巴蜀青铜文化的所谓"柳叶剑"。三星堆商末周初地层内出土过一件"柳叶剑"，残长 24 厘米，成都十二桥及新一村商代晚期地层，也各出土过一件，残长分别为 20.2 厘米和 20.9 厘米。此外，在三星堆一号坑，还出土过一件玉剑，残长 28.2 厘米。有报道说，它们"剑身呈柳叶形"，"明显地比陕西岐山贺家村、宝鸡竹园沟、茹家庄以及长安张家庄出土的西周早期的柳叶形剑要原始得多，是柳叶形剑的原始祖形"。它后来"得到了独立的发展，到春秋战国时期，广泛流行于巴蜀地区，成为一种很有地方性特征的青铜短剑。这种剑直到秦统一以后才逐渐被淘汰"。（江章华：《巴蜀柳叶形剑渊源试探》）"柳叶形剑"过去被普遍认为起源于中原或西部地区（但未确指何地）。四川一些考古工作者依据三星堆和十二桥商代遗址的出土情况，判定成都平原是"柳叶剑"的故乡，这是有说服力的，不过，仍沿袭"柳叶剑"称呼，却不太恰当。因为此称无疑忽视了川渝多竹（尤其是在盆地及盆周地区）并不多柳的自然环境的实际情形——这与北方常见旱柳（河柳）、杞柳与江南水乡触目皆是的垂柳是大不一样的。

　　根据唯物主义"社会存在决定人们的社会意识"的一般原理，作为青铜艺术之一的巴蜀剑的铸造原型，一定当来源于巴蜀先民的社会生活实践。古羌—蜀先民在塑造工具、武器等器物外形的时候，不会不将自己身边常见的，为自己生活带来巨大好处并被奉为（或曾被奉为）图腾或祖灵的竹作为参照物的。因而，考虑到巴蜀大地多竹和流行竹崇拜的实际，我们对巴蜀青铜剑的称呼与其用"柳叶剑"——这个中原"舶来"的称呼，还不如用"竹叶剑"或"巴蜀竹叶剑"的名称更贴切些。

值得一提的是，三星堆遗址二号坑出土的19件金箔饰（最大的一件长22.8厘米，宽1.8厘米，重8.26克），制作精巧，叶脉清晰，被视为用于青铜神树上的金树叶，酷肖竹叶，可称为"金竹叶"。它们是三星堆先民甚至古羌—蜀先民崇竹、仿竹的一个实证。

日本"照叶树林文化带"理论认为：假若某一植物在世界各地都有分布，而在某地分布却相对集中，则这种植物的原产地当在该地；运用到文化学上，相应的植物文化也会密集于该地。这个理论其实也是符合辩证唯物主义关于"物质第一、精神第二"以及历史唯物主义关于"物质资料的生产是社会生产的基础"的基本原理的。而按照恩格斯的理解，作为社会生活的基础的物质经济关系则当包括围绕这一社会形式的自然和地理条件。

正是鉴于川渝地区竹植被最为广袤深厚、竹的物质文化最为绵远发达的前提，笔者遂使用上述理论来观照古羌—蜀先民的精神文化，试图揭示出一个以往未曾引起人们注意的原始宗教现象——以竹为图腾或始祖的竹崇拜。在这个观照过程中，笔者发现古羌—蜀先民的与竹图腾崇拜紧密相连或作为其重要部分的竹图腾神话（主要表现为始祖创世神话和恩人神话）亦相当丰富多彩。它们在一定程度上反映出存在或残存于古羌—蜀先民中的竹图腾观念，即竹图腾亲属、竹图腾祖先、竹图腾神观念。这些观念与同样存在或残存的烛龙图腾、羊图腾、鸟—鸡图腾、虎图腾、鱼—鱼凫图腾、蚕图腾观念一起，将古羌—蜀氏族—部落—部族的集团心理凝聚、整合起来，成为维系本集团力量和发展本集团力量的一种精神纽带。

彝族中有一支"崇竹子支系"，在他们中间流传有不少竹创世或竹恩人神话。其中有一则讲：远古时代有一次发大水，淹没了整个世界，有一女子依附一根大竹才幸免于难。嗣后，她剖开大竹，发现每一节中都藏有一小人儿。小人儿欢快地蹦跳出来，被她抚养成人，分往各地，才有今天众多的人类。女子感到很宽慰，便缘着竹子登天而去。《蜀记》则将古夜郎王—竹王故事搬到了位处岷江下游的乐山，说："古夜郎国，传为一女入浣溪，有竹浮下而中啼声，取而视之，则孩也。及长，呼为夜郎，封竹溪王。"这里，夜郎王又称"竹溪王"。明代曹学佺《蜀中名胜记》（卷之十一）在收录这段传说的同时亦指出，嘉定州（治所今四川乐山市）"治北三里有竹公溪"。由于夜郎王曾领有过部分蜀地，加之川黔又都多竹，所以在原夜郎、巴蜀地的居民心目中，夜郎王—蜀王—竹王皆为一回事。正如《黔书》[1]所云："雪后梅繁小雨凉，连宵摒挡斗新妆。街泥不怕沾裙屐，蜀庙烧香赛竹王。"[2]这里是将贵州杨老驿、黄丝驿等地的竹二郎庙、三郎庙一夜

1　清康熙年间贵州巡抚田雯所撰贵州地方志书。
2　清田雯《春橙词·雪后梅繁小雨凉》。

郎庙确指为蜀庙（蜀王庙）的。此外，研究者多认为是巴蜀时代的古羌人之后的彝族民间传说，也"认为蜀王和竹王同是一个人，是他们的祖先"。直迄近代，川渝各地尤其是川西地区，都还广泛供奉竹王—蜀王（如乐山竹王祠、大邑竹王庙、邛崃竹三郎庙）。诚如民国《邛崃县志》卷二所云："蜀中古庙多有蓝面神像，面上魄礧如蚕，金色，头上额中有纵目，当即沿蚕丛之像。"

应当说，留存在古蜀地带的竹王遗迹以及竹王传说，是同世界各地区、各民族普遍流传的关于人类起源的神话或始祖创世神话是一致的。它们无疑"是当时的历史现实在人们头脑中的形象的反映"，"是和早期的狩猎采集生活相适应的"，"是把人的起源和本集团的动物或植物图腾联系起来，认为动植物与本集团的祖先有血缘关系"。（林耀华，《原始社会史》）然而，这些传说却有一个值得注意的共通点，就是始终立足于竹生人、竹生竹王这个最根本的、最古老的竹母神创世神话之上。它们尽管在今天西南各族人民中流传情节不一，却毕竟历经了男子掌权的父系氏族社会、奴隶社会、封建社会的各个阶段而长盛不衰——这不能不使人感到惊讶。这些神话传说应当被视作对自父系制时代起就渐居主宰地位的男性始祖观念的一种大胆抗争[1]；同时也应视作为自远古时代就已传布于中华大地（巴蜀地除外）的女娲创世神话在巴蜀地的一种衍化或演变。构成这种衍化或演变的关键部分，便是补充了大竹作为生命之树或生育之树的文化内核。实际上，

---

[1] 三星堆遗址时代的古蜀社会，给予了女性一定的地位，用极为金贵的青铜为女性塑像。在八个坑中，至少出现了三位女性形象，如二号坑喇叭座顶尊跪坐人像。

神树崇拜（属植物崇拜）作为母系制时代母神崇拜的附属物，一直顽强地保留于母系制以后人们的祭祀文化之中，所谓秦松汉柏即是秦汉两代帝王的社祭之树。南方苗族都奉村寨口的某棵参天古树为神树，侗族则在对圣母萨岁之祭中，以黄杨树为社坛神树。因此，大竹被古羌—蜀先民奉为生命之树、祖灵之树，是毫不奇怪的。今天的凉山彝族甚至还部分地保留着以山竹制"祖灵"以供奉的习俗。他们认为，祖先由竹中所生，死后也应返归竹内。为了安抚祖先灵魂，使其转化为竹神—竹祖灵，从而护佑子孙后代，整个竹祖灵的制作与奉祀过程须得极其复杂而漫长，虔诚而烦琐，且有诸多禁忌。

凉山彝族的竹祖灵祭奉，既是原始宗教图腾崇拜、自然崇拜及祖先崇拜的一种混合残存，亦是巴蜀地竹母神崇拜的一种历史缩影。在古羌—蜀先民眼中，竹是神—祖灵长期及临时居住的场所，因而竹便神通广大，无所不灵，可以护佑人畜兴旺、五谷丰登乃至包医百病。古羌—蜀先民的这种看法，无疑已在万物有灵观念以外，掺杂进极浓的巫术信仰成分。作为其载体，三星堆二号坑出土的一、二、三号青铜神树堪称典型。

三星堆喇叭座顶尊跪献青铜人像

三星堆一号大型青铜神树分有三层枝权，枝权上有九鸟及龙，还有介绍说，枝权应有兽、鸟、凤、蛇等挂饰。二号大型神树根部三方的"方台"（座子）上，各跪有一高19厘米的小青铜人。有研究者指出，其"树干挺直，外形似竹而隔有节"。

1989年，宜宾地区发现一尊明代竹公神像[1]。神像高77厘米，坐式，戴冠，慈眉善目，胡须齐胸，双手并握"如意"，其底座正前部镌刻"竹神位"三字。据了解，现今宜宾地区，每逢夏历七月十八日，竹编行业都要举行聚会，在自制的"竹神位"前焚香燃烛，顶礼膜拜。这座竹公神像，或许就是明代巴蜀地竹编工匠们的行业神像。当然，其已非典籍所载的一方之神——蚕丛—蜀王—夜郎王—竹王的"纵目"面貌。尽管如此，宜宾的这座竹公神像也当是从古巴蜀竹图腾或竹祖灵发展、演变而来的。这个发展演变，是按照民间宗教由繁到简，由超

宜宾发现的明代竹公神像

1　现陈列于宜宾江安县夕佳山民俗博物馆。

凡性、神秘性到世俗化、人格化的一般规律进行的。

目前在川西坝子不少农家还保留有祭竹习俗，但已无偶像，且程序简捷：除夕当晚，在清扫干净的屋后林盘（竹林坝）内，三五步燃香一炷。长辈率家人向竹祭拜之后便由母亲向孩子贴耳小声传教一首祷词。孩子遂上前摇动嫩竹，同时反复诵唱祷词："嫩竹妈，嫩竹娘，二天（即今后）我长（zhǎng）来比你长（cháng）……"川北农村旧历正月十四也有祭竹风俗：这天，孩子们一窝蜂地钻进林盘内，寻找到一根秀劲挺拔、才露枝叶的嫩竹，一边摇动一边唱道："十四节，摇嫩竹，嫩竹长（zhǎng），我也长；嫩竹高，我也高，我和嫩竹一样高。"四川边远农村有的则是正月十五祭竹：是夜，长辈驱使孩子去竹丛中挑选一根去年长成的健壮青竹，在与头并齐处，扶着青竹摇动，一边摇一边唱："摇竹娘，摇竹娘，你也长（zhǎng），我也长。旧年是你长，今年让我长，明年你我一样长（cháng）。"

四川竹文化源远流长。上述在成都平原及盆地其他地区林盘里的仪式与祷词，无疑带有远古巴蜀竹图腾祭祀的烙印，只不过其宗教性已被淡化，比较贴近现实生活——在孩子眼中，甚至还可能视之为一种嬉戏哩！当然，从形式上看，远古的竹图腾祭祀也是可以当作一种嬉戏活动的，这主要表现为其与竹图腾歌舞的紧密相连。公元前11世纪凌倒殷人的巴师歌舞和公元前206年至前205年跟随汉高祖平定三秦的巴族板楯七姓子弟的巴渝歌舞，应该就属于这种竹图腾歌舞，因为那时他们手中似乎都持有竹枝——竹图腾部族的标识。清代王士祯在《汉嘉竹枝词》中对这种竹图腾歌舞曾有过描写："竹公溪口水茫茫，溪上人家赛竹王。铜鼓蛮歌争上日，竹林深处拜三郎。"竹公溪在今乐山市，三郎即竹三郎，汉代夜郎王（即竹王）第三子。

四川竹文化与林盘文化相伴相生，相辅相成，互为内涵。旧时四川农民大都独家独户（也有数家连户），以竹丛相围，形成一个小林盘；又依河傍水，以数个或十几个小林盘形成大林盘（即为大片竹林）；小林盘之间有小路相连，有溪流潺潺、鸟啭莺啼。无数个大小林盘星罗棋布般镶嵌在川西坝子的彩色原野上，镶嵌在盆周的红土丘陵间，组成四川大地活泼丰腴、妩媚撩人的美丽肌理，成为四川农业、四川乡村的一道旖旎灵动的风景线。四川乡村千百年来大都以家庭小林盘、家族大林盘（包括同姓和异姓）为聚居形式（也有独家独户的散居形态），既有自家的独立空间，日出而作、日入而息，自立自强，悠闲自得；又有具有约束力的乡规乡约，以教化自治，和谐共处，守望相助，共荣共辱。四川林盘文化的这种特性，大大有利于以都江堰水利网络为代表的自流灌溉形态下的良田沃土的精耕细作，也大大有利于充分发挥广大农民的生产积极性、自主性与创造性，有利于土地资源和自然环境的保护，促进农业生态文明的可持续发展。

费孝通先生说："从基层上看去，中国社会是乡土性的。""我们的民族确是和泥土分不开的了。从土里长出过光荣的历史，自然也会受到土的束缚。"（《乡土中国》第1、2页）四川林盘文化是四川农耕文化的一大特色。它反映出四川两三千年自给自足的自然经济的诸多特性，而其中最本质的一点则是乡土性，是四川人民与养育他们的四川乡土的深厚感情。旧时大的林盘有的设有宗族祠堂、私塾，甚至有宫观、庙宇；也还有父母的慈祥，长老的严厉，塾师的冬烘，家谱的续写，祭神祭祖的虔诚，诗书琅琅的清脆童音；又有少时的恶作剧，兄弟姐妹的打闹，与小伙伴们藏猫猫、骑竹马、过家家的乐趣……从这个角度看，旧时的林盘文化就是乡土文化，属于乡土社会，是乡土四川、也是乡土中国的珍贵记录。人们在林盘里生老病死、喜怒哀乐，恋恋过往，刻骨铭心。有的人从林盘外出谋生、学习，发达了，但老了还是回到林盘，叶落归根，了却思乡之情。四川乡村的一座座林盘，散溢出泥土悠绵的芳香，承载着无数游子厚重的乡愁。

惊世青铜神树，竟是通往神秘之地的天梯？

自三星堆高达 3.96 米的一号青铜神树横空出世以来，人们对它的功用就一直猜测不断，难有定论。毕竟事隔久远，"昔人已乘黄鹤去，白云千载空悠悠"。

不过，有猜测总是好的，其积极意义自不待言。这里，笔者也大胆猜测，这青铜神树首先是类似于古羌—蜀族的图腾柱——青铜爬龙柱，是以古羌—蜀族团为核心的巴蜀部落—部族集团的图腾树[1]。它起着巩固联盟，维系四方的作用。联系到与青铜神树同时出土的"金竹叶"，这图腾似乎是以竹为基本原型的（在此基础上有所变异和夸张），象征古蜀部落—部族集团的共同图腾或主图腾。其上的龙、蛇、鸟、兽等，既可视为古羌—蜀部落、部

三星堆青铜神树

1　进入阶级社会以后，图腾树成为先前曾有过的图腾崇拜的孑遗。

三星堆头戴装饰的青铜人头像背面

族或古巴蜀部落、部族集团在自己发生、发展阶段曾拥有过的诸多图腾，亦可视作巴蜀地区内各部落—部族的分支图腾。前者反映出古羌—蜀部落、部族或古巴蜀部落、部族集团对自己祖先的怀念和历史的回顾，以继承传统，把握当今，展望未来；后者则反映出作为古巴蜀地域各部落—部族联盟盟主的蜀王，为同黄河与江汉部落—部族相抗衡并进而北图东进所采取的抚绥境内及周边、巩固大后方战略基地的政治手腕。与后者意义相照应的是三星堆"祭祀坑"的那许多装束各异、神态各别的青铜人面像和青铜立人像——其间有挽发扎髻者，有辫发盘顶者，有束长发垂脑后者，有头戴平顶方冠或双翼高冠甚或光头免冠者。此外，二号坑出土的那尊高达 2.608 米（连冠）的大型青铜立人像，其"脚后拖着似乎曳地的'衣裙''尾巴'"。它所参照的应该是《后汉书·西南夷列传》《华阳国志·南中志》以及《通典》卷一百八十七中所记"衣皆着尾"的"尾濮"——"哀牢夷"的衣着形象，因为这是与云南晋宁石寨山出土的滇族装束完全一致的。

对此，我们似应看作是蜀王同巴蜀地域内及周边各部落—部族首领结成神圣同盟的一种象征性写照。

三星堆青铜人头像的辫发

其次，青铜神树是古羌—蜀部落、部族或巴蜀部落、部族集团的通天树。古籍记载的可作天梯的通天神树有建木、若木、扶桑、穷桑、寻木、马桑树等，巴蜀民间关于它们都有非常动人的传说。这里姑且不论这带有竹特征的青铜神树究竟是其中的哪一种，总之，大致是可以将它视作古羌—蜀人进入天堂问天或与天神对话的一种天梯吧？作为图腾神树，也应当具有这种功能。神树上的鸟，又可视作蜀人由天门登天阶梯的延伸。先秦时代的巴蜀地域是被中原部落—部族视为"徼外之荒"的，群山环峙，交通不便。三星堆青铜神树的这种造型，反映出古羌—蜀或巴蜀先民不甘封闭与束缚，渴望与世界交流的勃勃生机与灼灼热情。

再次，青铜神树是古羌—蜀部落、部族或巴蜀部落、部族集团的擎天树。《淮南子·览冥训》记女娲补天"断鳌足以立四极"，即是用大海龟的四只足作为四根擎天柱。在世界各民族关于宇宙起源的神话里，类似的擎天柱观念极为普遍，而且作擎天柱的材料不外乎都是禽兽的足或骨、神山、大树等。与蜀部族有着渊源关系的彝族及同属于彝族支系的云南哀牢山区、无量山区的哈尼族都拥有"梭罗树"神话：或言梭罗树长在地球，直连月亮，或言长在月球，直通地上，总之都立地顶天，撑持世界。这与三星堆神树拔地而起，枝干遒劲的赳赳雄姿颇为接近。这神树大致就是梭罗树的艺术再现吧。值得注意的是，两棵大型青铜神树都是有"三角形云山状"树座的，这即是说，神树是耸立在神山之上或依托于神山之力去背负青天的。因此可以想

第二章：天门之问 113

象出，古羌—蜀部落、部族或古巴蜀部落、部族集团大致是将以竹图腾为主干的复合图腾树看作人类之护神、宇宙之支柱的。这与日耳曼民族的"世界树"神话有着异曲同工之妙。它传递出古羌—蜀或巴蜀先民力图发展与壮大自己并进而冲出西南、开拓世界的博大胸怀与坚韧精神。

最后，青铜神树是古羌—蜀部落、部族或巴蜀部落、部族集团的祭祀树。这种祭树，是曾奉竹为图腾的古羌—蜀部落、部族或巴蜀部落、部族集团的首领和祭司们用以祭天地、祭鬼神、祭祖灵、祭亡亲的道具和法坛。这不禁使人想起《隋书·地理志》里所记的巴濮—巴渝部族的葬俗——"刺北斗"。这是那时巴蜀巫山地区及与巴蜀相邻的荆楚江汉部分地带的一种风俗，讲下葬时，死者女婿等亲属都要各执一根长一丈许、其上三四尺许部分还有枝叶的竹竿参与送葬。这风俗源自当初盘古王死于树上，是子孙用竹木刺下来安埋的传说，故称为"刺北斗"。由此笔者又注意到，被认为是巴人—五溪蛮后裔的侗族及瑶族，有的直至近代也还保留着树葬之俗。居于贵州黎平肇兴一带的侗族，旧时对于未满月的死婴的安葬，是将其挂在村寨附近山坡的竹枝上或树上，任野兽野禽吃掉，认为这样孩子就会很快转世，母亲便能再怀孕。居住在广西金秀大瑶山茶山的瑶族，旧时婴儿死后，则将其置于竹篮内，挂于树林中，其目的也是促使孩子灵魂能较快投胎转世。值得注意的是，不论隋代的巴濮—巴渝部族，还是近代的侗族、瑶族，他们的葬仪似乎都需要仰赖于竹（竹竿、竹枝、竹篮）的神力。联系到三星堆青铜树（竹图腾树）上置人像，可以说，巴蜀部落、部族集团关于让死者通过竹图腾神树进天堂的观念[1]是根深蒂固、广为流布的。灵魂尤其是部落、部族首领们的灵魂升天,对于巴蜀部落、部族集团来说是最庄严辉煌的时刻,因而在青铜神树下才会出现做跪拜姿势的青铜人像——这个仪式当然也适宜于祭天地鬼神祖宗。三星堆青铜神树这人与物的对应造型,是对前三星堆文明社会的竹图腾祭祀或三星堆社会的天地鬼神祖宗祭祀场面的一个真实记录。

图腾祭祀是图腾崇拜的一种集中反映。它突出地体现出原始人类图腾崇拜的功利主义内涵——就是祈祝图腾物类的繁殖和其与人类的亲近,以保证人类的诸事如意、生生不息。至今在西南地区仍还不时发现有借助于竹(主要是竹竿)祭祀或超度亡灵的习俗。如旧时川西坝子以及三峡一带民间在"回煞"(回殃)仪式时,须用竹竿一根,隔一尺贴纸钱一张,立于门口阶沿上。正月新年、清明前后十日及七月十五日上坟时,还用桑皮纸、草纸等制成纸钱或将彩纸剪成长条,挂在竹竿上,标于坟头。古巴人后裔——今居住于云、贵、桂、川地区的仡佬族雅伊支系在替已故老人"做周月"活动时,亦须在神龛旁立一根一丈三尺长的竹竿,竹梢上留部分枝叶。瑶族民间的"修醮"仪式,也要竖一根顶端犹带枝叶的竹竿。云南德昂族[2]的祭"吉地"(寨心),则是在村寨中央立一根高竹竿作象征,竹竿上悬挂七层用竹皮和纸扎成的花环……显然,竹竿在这些祭祀活动中的功用是无须怀疑的——这就是驱凶求吉并引导亡灵上天。同时笔者也毫不怀疑:这乃

---

1 这种观念属于原始的"灵魂不死"观念。
2 《华阳国志·南中志》里提到的"闽濮""裸濮"的后裔。

是对古代巴蜀部落、部族集团曾有过的竹图腾祭祀或以竹为象征物的天地鬼神祖宗祭祀的一种"集体无意识"式的沿袭。

第三章：
城市之光

绝世黄金权杖：谁能掌控它的力量？

  重器凝万古之志，典籍汇千载之思。夏商周三代乃至更早的黄帝尧舜禹时期，就以重器立威护国、扬威镇国。《孟子·梁惠王下》："毁其宗庙，迁其重器。"焦循《孟子正义》："复迁徙其国之宝器。"韦昭注《国语·晋语九》说："重器，圭璧钟鼎之属。"

  相传黄帝于荆山铸鼎，鼎成，有垂胡髯之龙下迎黄帝升天；大禹铸九鼎分九州，以鼎聚阳城，宣示天命之所在；楚子（楚庄王）北伐，竟向前来劳军的周定王的使者王孙满打听传国之宝九鼎；周代礼制，天子用九鼎，诸侯用七鼎……以鼎为国之重器、王权象征，是成定制。春秋之际，礼崩乐坏，诸侯纷争，鹰隼试翼，遂有"楚子问鼎之大小轻重焉"。

  从二里头文化（距今3 800—3 500年）的"华夏第一鼎"到殷商重达832.84千克的后母戊大方鼎，再到西周早期威严雄沉的大小克鼎，都显示出黄河流域王权国家以鼎为国之重器、权力象征的内涵。《国语》[1]云："君以鼎为国，信者亦臣之国。"故有"一言九鼎"之说。

  长江流域的重器文化虽没有那么多故事，但其权威性并不逊色。如良渚王国重器之一的"玉琮王"[2]，重达6.5千克，其上满布神人兽

---

1 又名《春秋外传》《左氏外传》，相传为春秋时期左丘明所编撰的一本著作，是中国历史上第一部国别体史书。
2 1986年浙江省余杭区反山12号墓出土，因其是迄今所知同类作品汇总、重量最大、纹饰最精美和神人、神鸟最多者，故被称为"玉琮王"。

面的刻纹，一对超大圆形的重瞳和高耸的羽冠，活脱脱一派王者气象。

至于长江上游三星堆所出权杖，更是凛凛然威风八面。我们看1986年于一号坑出土的青铜爬龙柱形器，实乃龙权杖的上半部。权首上双角后旋（似羊角）、龇牙咧嘴的烛龙，昂首长吟，气贯万里。而由二、三、八号坑拼接出的高达2.53米的铜罍座倒立鸟足顶尊神像上那身着长衣、头戴高冠的神人手中，也握有一件长角虬展的龙头权杖，代表着"他"非同一般的身份地位。

1986年在一号坑发现一件黄金权杖。它的芯部用木棍制成，外面包裹一层纯金皮，金皮纯重463克。金杖的上端有46厘米长的一段平雕纹饰图案，图案分成三组，雕有锯齿状冠饰并三角形耳饰的人物以及鸟、鱼、勾云纹和穗叶形柄等。金杖长142厘米，直径2.3厘米。

对于这柄金杖，学者多认为是古蜀国王或巫师象征王权或神权的权杖（法杖）——这从金杖上所绘之人[1]、鱼、鸟图案可以获得证实。金沙遗址所出金冠带，其上纹饰亦与三星堆金杖纹饰同。所谓五齿高冠，即太阳冠，象征太阳；鸟则是背驮太阳的三足鸟；鱼为鱼族或鱼凫族——上古羌一蜀族团的一个图腾。如果说，神人兽面纹是良渚文化的一个标识的话，那么由五齿高冠人、鸟、鱼组成的图案，则可视为古蜀文化的标识之一。

2010年，考古工作者在上海青浦福泉山遗址（属良渚文化）吴家场墓地发现两柄象牙权杖，其中一柄保存完好，上有十组神人兽面刻纹。20世纪80年代在二里头遗址有三件权杖出土，其中保存完好者

1　头戴五齿高冠，与二号坑大型青铜立人像高冠造型相似。

三星堆金杖出土面貌

也是象牙权杖。此后夏、商、周三代，中原各地亦陆续出土有权杖头，金、铜、玉、石质地均有，但无论是良渚王国还是中原王朝，都未视权杖为国之重器。一个有力的证据是，其杖首上均不置龙头。而自濮阳西水坡蚌塑龙（距今约6 500年）至秦始皇以前，龙虽非天子专有，

第三章：城市之光 121

但至少平民百姓是不敢也无福享受的（贵族、诸侯或知识精英以上者可使用龙的图符）。而将龙——这个尊贵和威权的象征，堂堂正正地置于杖首，构成龙头杖——从唐尧虞舜直至夏商周三代，只发生在三星堆！

必须指出的是，考古工作者曾在新疆罗布泊地区、巴里坤湖边缘以及克里雅河流域发现距今 3 300 年的石权杖、玉权杖。而权杖更早、更集中地使用，则在距今 5 500 年或更早的古埃及、西亚、安那托利亚（今土耳其）、里海及周边区域。结合在良渚文化、二里头文化及新疆发现的权杖，这似乎意味着，三星堆权杖源自中原文化、良渚文化、北方草原文化甚或更远的两河流域文化、地中海文化。

不管怎么说，三星堆权杖所反映出的外地文化、外域文化因素，再一次证明古蜀文化也是一种包容文化、一种开放性文化。而三星堆权杖上的龙造型及鱼、鸟、人、锯齿冠饰等，则说明古蜀人在大方采借之外，亦富有独立思考精神和创造性。

古蜀人以玉立德、以杖立威，以此涵养国民，凝聚人心，号令军民，众志成城，"故能战胜于外，功成于内，扬名于后世"[1]。

---

[1] 《将苑·卷一·出师》

三星堆古城：唤醒另一个宇宙

西方哲学家认为，城市是哲学的沃土，如苏格拉底所言："哲学的生活正孕育于城市城墙之内。"我们唐代的大诗人李白也曾有诗云："土扶可城墙，积德为厚地。"[1]从今天的视角看，他们讲的都是城墙内的城市生活于人文科学（包括哲学、艺术、思想道德）的养成与繁荣的意义，而他们不约而同地都是以城墙的设置为前提来立论的。

距今三四千年的三星堆，作为当时西南最大的方国都城，当然是有城墙的。考古工作者经过三十余年的努力，终于摸清了它的大体轮廓与墙内模样。三星堆遗址的北面有鸭子河由西北向东流过，西南有马牧河向东南折流。三星堆城便设置在鸭子河以南的这片"两河流域"的沃土上。其北部今遗有青关山城墙、真武宫城墙残迹，还有月亮湾城墙、仓包包城墙，往西亦有两段城墙残迹，东部也有两段城墙，西南则有一段。整座三星堆城池轮廓略呈梯形状，面朝西北；中轴线呈东北—西南走向。大城墙内面积约 3.6 平方千米，东北有月亮湾小城、仓包包小城，西南以三星堆八个坑为中心有三星堆小城（亦有城墙），总体格局是一大三小，即大城套小城。

城内布局为三重结构。

第一重的城北月亮湾和青关山一带，为宫殿、"宗庙"区。这一重的月亮湾小城、仓包包小城，可能为手工业区，窖藏有玉石成品和

---

1 李白乐府诗《相和歌辞·君道曲》

半成品。

第二重沿马牧河两岸形成一条人口密集的居民生活带，其内既有平民居住的面积仅10平方米左右的木骨泥墙小房舍，又有权贵们居住的面积超过100平方米的穿斗结构大房舍和抬梁式厅堂。此外，还发现了面积达200平方米的超大型房屋。几种房舍的区别，揭示出其阶级对立的事实。在生活区内，还发现了纵横交错的排水通道。1984年和1986年在鸭子河边西泉坎等地发现的两件背缚奴隶石雕像可为佐证。

第三重即祭祀区，以西南三星堆小城为中心，以所发现的八个坑为代表进行天地、祖先、神灵祭祀，祈求国泰民安。

三星堆古城始筑于第二期文化（处于二里头文化至商早期）。经分析，其采用泥土和沙土（局部有卵石）建筑，经夯打锤拍而成，下层采用了斜面夯筑方法；后期还采用了土砖垒砌的方法。这完全说明蜀先民已熟练地掌握了筑城的技术，所以能在成都平原营造出如此恢宏的城墙。

三星堆城墙至第四期文化（处于商代晚期至西周早期）末而毁弃，整个使用期长达600～1 000年，证明这一重要都邑曾经历了一个很长的稳定繁荣时期。而它的废弃，则与杜宇氏王朝取代鱼凫氏王朝的蜀国政权交替有关。杜宇氏在西周初期将蜀国都城迁到汶山（即岷山）下的郫邑（故址在今郫都区城北二里，即民间传说中的杜鹃城），又在另一处"瞿上"（今双流区牧马山一带）建立陪都。到了春秋早期，即公元前7世纪初，杜宇王朝的相国鳖灵发动政变，建立开明王朝，定都于广都樊乡（今双流区境）。大约在公元前 5 世纪末或公元前 4 世纪初，九世开明帝开始仿效华夏礼乐制度而立宗庙，才把都城迁到今天的成都。

三星堆南城墙（上）与三星堆东城墙（下）的夯土层

不过，虽说开明九世是战国早期才迁都于成都的，却并不意味着成都建城是从这时才开始的。事实上，在商周时期，成都也拥有发达的奴隶制文明。它与三星堆城一起，成为商周时期成都平原上南北呼应的双子星座，成为古蜀国城市体系上的两大中心城市。

2001年2月至2002年1月，考古工作者在成都市磨底河以南的青羊区金沙村发现一处商周遗址——金沙遗址，出土上万件文物[1]，包括金面具、金冠带在内的各类金器近三百件，青铜器一千余件，石器近三百件，象牙加工器物一百余件，大多与三星堆文化风格相同（如金面具、金冠带、青铜立人像、石跪坐人像、大石璧等）。至于玉器则达两千余件，它们中有的同良渚文化风格一致（以玉琮为代表）。另有一千多根象牙（估计有一两吨重）与鹿角及其他兽角、兽骨，还有用于占卜的大量龟甲（留有灼兆痕迹）。就已发现的青铜器形态和制作工艺看，与三星堆同类器物相比，更趋于小型化及精致化。联系到此前在金沙遗址北部的黄忠村发现的晚商至西周时期的大型建筑群（其中一座宫殿房址面积达430平方米以上）、遗址外东南发现的同时期遗址[2]，李学勤、徐苹芳、张忠培、黄景略等中国知名考古学家认为：包括黄忠村遗址在内的面积达5平方千米以上的金沙遗址可能属于古蜀统治者的祭祀地或王室作坊址，它和十二桥遗址所在的区域极有可能是商末至西周时期成都地区的一个政治、经济、文化中心。

1　现金沙遗址博物馆藏有珍贵文物2 235件。
2　部分学者称其为"十二桥遗址群"。

对成都十二桥遗址的发掘证明，几乎与三星堆文明同时，在今成都城西，已拥有规模宏大的木结构宫殿建筑群。十二桥遗址发掘于1985年12月，其中探明建筑遗存占地面积15 000平方米以上。至1987年，十二桥遗址发掘面积为1 800平方米，其早蜀文化堆积物厚达4米，分13层。在商代地层中发现近1 200平方米的木建筑，包括房顶、梁架、墙底桩基、地梁等部分。小的房间约10平方米，中等房屋数间一组达100余平方米。大型的建筑发现有砍凿整齐、加工精细的地梁，长10米以上；其榫眼圆孔大的直径约40厘米，方孔大的为32厘米×71厘米。据考古专家推测，这应是宫殿类建筑的构件。在我国古代，宫殿往往是都城的中心或主体，雄伟壮丽的宫殿建筑是王权和神权的象征。成都十二桥遗址正是以大型的宫殿建筑为主体，大中小型建筑相互配套所构成的一个庞大建筑群。它的布局基本符合我国古代都城的建筑模式。20世纪80年代以来，考古工作者还先后在成都市内外发现了10余处与十二桥遗址文化特征基本相同的早蜀文化遗址（属"十二桥遗址群"），其分布范围由西到东绵延约10千米；由南向北，两头小，中间大，沿古郫江故道摆开，呈新月形。这类遗址无宫殿建筑痕迹，应属普通民众居住的地方。

从遗址年代考察，十二桥遗址从第10文化层以下还可分为早中晚三期，早期年代的碳十四测定数据有两个，一为距今4 010—100年（经树轮校正），一为距今3 680—80年，均在夏代和早商时代的纪年范围之内。中期年代约当殷墟文化第一期，相当于商代中期或稍偏晚的时期；晚期年代为商末周初。金沙遗址和"十二桥遗址群"的发

金沙遗址发掘面貌（部分）

掘说明，大约与三星堆文明同时，在今成都市区也已有一个古代文化共同体的存在，有一个奴隶制文明城市存在，其中心在今西三环路磨底河南北金沙村—黄忠村至十二桥—成都中医药大学一带，西北角可达今老西门车站略偏东，东南角至今新南门一带。

不过，成都至今没有发现商周城墙遗存，甚为遗憾，但这并不等于商周时期成都没有城墙。1956年，考古工作者在成都北郊羊子山清理出一处商周祭祀土台遗址，其为夯土建筑，残高10米，呈正方形，采用回字形三道砌墙填土夯实法，分三层垒高而成。第三道墙（外墙）每边长约103.6米。砌墙方法是上下齐缝，用灰白色细泥黏结。据测全部土墙体积为31 284立方米，用土砖达130多万块。三道墙内均为

1956年成都羊子山土台复原图

夯土,总体积为35 500多立方米,总计用土量在70 000立方米以上。发掘出来的夯窝直径9厘米左右,是用木杵或石锤夯打的。这种以土坯墙代版夯筑的方法,省去了装做木板的工序,既省工省料又省力,是蜀先民的一种因地制宜,而这也显然不同于中原等地的版筑技术。成都羊子山土台体积巨大宏伟,如采用中原等地的版筑法一段一段地夯,一版一版地筑,是很费力的。因此,蜀先民以墙代版,中间填土夯实,使墙与土浑然一体的方法,无疑是一项成功的技术革新。

这种以墙代版的技术,在三星堆东城墙上也有发现。1990年的第八次发掘证实,东城墙顶有土坯砖砌的"梁埂",土坯之间用夯土填实。这应当是古蜀人以土坯墙代替木板夯筑法的开端。所以,有学者认为,蜀先民既然有能力夯筑三星堆城墙,有能力夯筑羊子山祭台,那么,当然也有能力夯筑成都城墙。只是因为历代兴建动土,人们的频繁活动,致使早期遗址面貌不全,早期都邑城垣被挖掘殆尽而未能保全至今罢了。

那么，商周时期的三星堆城、成都城拥有多少人呢？根据林沄等有关专家对中国早期城邑人口户数平均占地面积数字的研究，平均每户占地约158.7平方米。这与《墨子·杂守》记载的"率万家而城方三里"，即平均每户154.2平方米的实际情况基本吻合。四川师范大学巴蜀文化研究中心教授段渝先生根据这个人口密度指数估算，商代三星堆蜀都面积为3.6平方千米，该有23 346.3户；以每户五口计，应有116 732人。他又根据河南省博物馆（今河南博物院）副馆长、河南省社会科学院考古研究所所长马世之先生的计算方法（依齐都临淄故城总面积与《战国策》记载的临淄人口总数来计算，得出每户平均占地268平方米的密度指数），推算出开明王朝迁都后的成都，其总面积约15平方千米，应有55 970户，有279 850人。

破译图符:即将开启神秘世界的大门

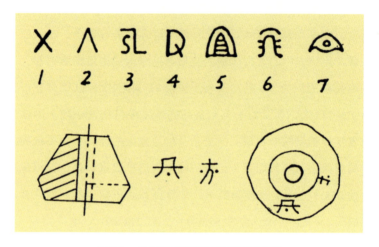

上图1~7为三星堆遗址发现的刻画符号
下图为十二桥遗址陶纺轮上发现的刻画符号

根据林向先生和段渝先生介绍,三星堆遗址出土的陶器上发现有刻画符号。

他们认为,同一种符号出现在不同的器物上,说明其含义已固定化、约定俗成。其意义正如大汶口陶器上的刻画符号一样,为较早期的古文字。段渝还指出,在与广汉三星堆二号"祭祀坑"年代大致相当的成都十二桥商代木结构建筑遗址的第十二层内出土的一件陶纺轮,腰部刻有两个字,这两个字与三星堆二号坑石边璋上的文字一样,也是抽象化、线条化的表意文字。

对此，钱玉趾先生说：广汉三星堆出土的陶器上的刻画符号、石边璋上的刻画符号，基本上一器一个符号，它们都分布在不同的位置，没有能构成成行成句的铭文。所以，在目前尚未有新的更有力的考古发现的前提下，我们暂时只能将其作为刻画符号看待。不过，他又承认，以后（春秋战国时期）在古蜀王国势力范围内的新都、郫县（今郫都区）、峨眉发现的青铜戈上的文字，应该是先前三星堆先民使用过的文字，成都十二桥商代遗址出土的陶纺轮上的刻画符号，也极有可能属于此列。

李学勤先生在《论新都出土的蜀国青铜器》里则认为：

> 巴蜀文字有两类，一类是"符号"，有的"与铜兵器上的铸文相同"；另一类是"似汉字又非汉字者"。为了方便，我们把前者称作巴蜀文字甲，后者叫巴蜀文字乙。
>
> 巴蜀文字乙是一种文字，研究者是公认的，而巴蜀文字甲是不是文字，还有人在怀疑。
>
> …………
>
> 综合考察现有的巴蜀文字甲的资料，其符号可分两种。一种是常见的、重复出现的，在同一铭文和印文里可以出现不止一次。这种符号大多是简化的，不易看出象形，……也有一些是象形的，……这种符号可各自独立，很可能代表一个完整的音节。另一种是不常重复出现的，……这种符号大多复杂而象形，……我们猜想，前一种符号用以表音，后一种符号用以表义。

当然，上述学者们的看法都不乏合理性。不论三星堆遗址发现的刻画符号是否就是当时蜀国社会的文字，但是有一点是十分清楚的，那就是商代三星堆已经进入发达的奴隶制文明阶段，已拥有城市系统和王权、神权体系，已拥有先进的金属冶炼技术，能够创造出令世界惊羡的以大型青铜立人像为代表的青铜文化，并且还拥有比较繁荣的农业经济和商业交通。就这样一个在当时中国、当时世界居于文明前列的社会以及社会中的人，按照一般的理解，居然"不晓文字"（《蜀王本纪》），似乎是说不通的。因此有学者肯定古蜀人是有文字的，但因为秦始皇统一六国，也统一了文字，遂使古蜀文字消亡了，或者是古蜀文字没有像中原人一样刻在龟甲上、兽骨上、青铜器上，而是书刻在木器上，书写在绢布上，因年代久远，绢、木朽坏，便自然难寻踪迹了。

不过，古蜀人陶纺轮上的图符，或许就是蜀先民表达思想、传递信息的代码，就像南美洲印加帝国用彩绳纪事的道理一样。印加人没有文字，但谁也不能否认其曾拥有过的辉煌文明。

当然，段渝先生在《三星堆文化》中的揭示也是很有意义的。他说："商代成都十二桥、三星堆的文字和刻划符号，是春秋战国时期的巴蜀方块表意字的上源；春秋战国时期的巴蜀方块表意字，是三星堆文明时期的文字和刻划符号的继承、发展和演化。"

青铜面具：进入灵魂世界的媒介

　　学界通常将有无祭祀礼仪中心作为判断城市文明的一个标志。从文献记载与考古发掘的角度看，这个观点大体没问题。三星堆城市的一大功能，就是承担了居民举行祭祀活动，展示宗教信仰的义务。1986 年发掘出的两个"祭祀坑"以及 2020—2022 年发掘的六个坑便是证明。八个坑的一万七八千件器物，并无实质性的兵器，而是以宏大的礼器群、祭器群来表现三星堆文明的形态，用虔诚的礼仪和隆重的祭祀来表明政治理想，体现国家意志。

　　三星堆八个坑出土的大大小小、神态各异的七八十件青铜面具、金面具不仅引起了国人轰动，也令无数外国友人着迷。特别是二号坑出土的那眼球凸出达 16.5 厘米的纵目人青铜大面具、三号坑出土的重达 65.5 千克的特大青铜面具，更让人于瞠目结舌之外，都急切地想知道它们是谁，用来做什么？

　　1988 年，即三星堆两个"祭祀坑"被揭示出来后的两年，朱狄先生在他的《原始文化研究》一书中回答了这个问题。他指出：巫师的面具不仅可以使他们自己"进入灵魂世界"，也可以使他人感受到并认同他们已进入灵魂世界。所以，他们的面具便会根据需要任意夸大某一部分或缩小某一部分——只有这样他们才会像另一个世界中的神灵。巫师们之所以使用面具，其实是赋予自己进入另一个世界的能力。直至今天，新几内亚的拜宁人还把在祭祀仪式中使用过的面具当作圣物来供奉，认为它是沟通人与神这两个世界之间的渡船，它所装载的不是任何东西而是人的灵魂。这样来看，殷商时期三星堆的面具系列应该既是蜀人传说中的已故的祖先（蚕丛、鱼凫等）魂灵的象征，又是天堂上帝群神及各种自然神灵的集合。蜀王和巫师们平时将它们供奉于王室宗庙里，需要时即请出佩戴在自己头上，以此来同鬼神混为一体，同鬼神灵犀相通，同鬼神窃窃私语……

汉以来的研究者大多认为，殷墟甲文与周代金文中那被识作"魌[1]"的字，其实就是对人戴面具的一种象形摹写。东汉郑玄注《周礼·夏官·方相氏》"方相氏掌蒙熊皮"句说："蒙，冒也。冒熊皮者，以惊驱疫疠之鬼，如今魌头也。"这说的是具有中国特色的面具文化——傩文化（包括傩祭、傩舞、傩戏）的主角儿。

据《搜神记》（卷十六）和《古今事类全书》（卷十二）等典籍，传说轩辕黄帝的重孙颛顼有三个儿子，死后都变成疫鬼：除两个分别在江、若二水作怪外，还有一个跑到人们的居室里专门惊吓小孩，叫"小儿鬼"。因为黄帝—颛顼族是以熊为图腾的（参见《史记·五帝本纪》），所以人们便在一年之末的腊月间身披熊皮而挨室搜寻，借熊的威严来驱赶疫鬼，嘴里还不断发出"傩、傩"的声音。这种属于原始宗教祭祀仪式的活动就是"傩"或"驱傩""追傩""傩祭"。驱傩的过程是以跳跃喧腾的形式进行的，类似于舞蹈，因而被称作"傩舞"。

进入商代以后，傩祭作为一种固定的祭祀流行于黄河流域，至西

1　通"魌"，qī。

周而大盛。当时民间进行的叫"乡人傩",周王室或诸侯代表国家举行的叫"国傩"或"宫傩",从宫廷到民间举国上下一致举行的就叫"大傩"。据《吕氏春秋》记载,先秦时代除了腊月大傩外,宫廷还在春秋两季行两次宫傩。《周礼·夏官》又说,在宫傩或大傩上领舞的是一种具有"方相氏"官职的人,所以傩舞又叫"方相舞"。方相氏所戴面具就是汉人所称的"䫆头"。

令人遗憾的是,典籍所载中原地区方相氏"䫆头",迄今未止,罕有实证。好在,我们从朝鲜半岛流传的新罗王朝至高丽王朝时期(公元675—1392年)的方相氏面具系列中,发现了可以指为中国中原方相氏面具的仿真实物资料[1]。《周礼·夏官·方相氏》说:"方相氏掌蒙熊皮,黄金四目。"意思是讲,方相氏以熊皮罩身,头戴以黄金铸制四目(或四目饰以金色)的假面具,但这四目是怎样的状况,如何排列,却不得而知。而现藏于韩国首尔昌德宫的一副彩绘油漆木胎方相氏面具却告诉我们:这四目又大又圆,深陷下去,两目一组,分嵌在左、右脸颊上(整体上处于一对又宽又凹的长眉与一只咧开而上翘的大嘴之间),作上下排列。[2] 所谓四目,原来就是这副模样!

迨入西汉,在傩祭面具中增添了十二神(实为十二种野兽)。这即是说,以黄帝部落为首的华夏族的氏族—部落图腾已全部加入傩祭面具行列。这无疑是中华民族历史上的第一次大统——秦汉大统——在人们意识与日常生活间的一种投影。此外,属于各类生产活动领域的

---

1 中国傩文化大约在唐代即已传入朝鲜半岛和日本。
2 参见沈福馨、周林生《世界面具艺术》图版第87页。

神衹,如开山引河的巨灵、教人种五谷的后稷、教人渔猎的伏羲、教人养蚕织丝的嫘祖等,也纷纷出现于傩祭—傩舞面具中。此时的傩舞,显然已在配合从高祖至"文景之治"时期官方的"与民休息""劝课农桑"政策,单纯的图腾祭祀活动渐染上社会教化的色彩。原始傩祭祈福禳灾的形式亦被创立于东汉顺帝时的巴蜀五斗米道所吸收,化作其斋醮仪式——"指教斋""涂炭斋"。其所祷者的"黄土涂面",当是傩祭面具的演绎,或者可视作为对三星堆黄金面罩的模仿与追忆。

从四川郫县(今郫都区)出土的东汉画像砖上,我们还可以看到当时蜀地傩祭驱鬼的盛大场面。其方相氏所戴颠头则与黄河流域及江南一带大有不同,具有鲜明的地域文化特点,即"**头部特大,头顶有突出的高髻,两侧有鸡形饰物,张目瞪眼,獠牙从口中伸出,长舌下垂……形象狰狞奇诡**"[1]。这大致就是《神异记》里所说的"鸡父颠头"吧?而20世纪50年代初于四川德阳汉墓出土的方相俑,其头也是"眼球突出,张口伸舌"的。它们与三星堆遗址以纵目人形象为代表的青铜面具相比,可谓"同出一炉"。由此可以认为,三星堆面具系列也可以归入中国早期傩文化的道具系列。《说文解字》释"颠"字说:"**丑也……今逐疫有颠头**。"三星堆那些眼球外凸的纵目人面具以及龇牙咧嘴的兽面具,不正是这样的驱傩道具吗?尽管它们主要是用以祭祀图腾、祭祀先祖,是用以完成与先人们的心灵沟通的。

---

[1] 转引自《巴蜀文化与四川旅游资源开发》,四川人民出版社2000年版,第485页。

三星堆 A 型青铜兽面像

三星堆 B 型青铜兽面像

三星堆 C 型青铜兽面像

三星堆纵目人青铜面具

由此我们联想到三星堆遗址出土的那七八十件各式各样的青铜面具（包括那"使人望而生畏"的眼球外凸 16.5 厘米的纵目人青铜面具）以及黄金面罩，它们除了有沟通人与图腾或神的世界的功用外，还与图腾音乐歌舞艺术有紧密联系。麦克伦南、摩尔根等杰出的民族学家、人类学家经过长期艰苦的调查、研究后得出一个重大结论：图腾祭礼总是在图腾音乐歌舞的伴随下进行的；或者说，图腾音乐歌舞本身就是图腾祭礼的一个重要部分。因为原始先民的图腾音乐歌舞乃是对图腾动植物的一种"模仿",以此来帮助图腾动植物的繁殖和实现对图腾的"认同""同一"。(转见《三星堆文化》)"模仿""认同""同一",除了声音、形体动作以外,还必须包括面具形式。因此,三星堆面具、面罩也可视为古蜀人用以进行图腾音乐歌舞(或言祭祀音乐歌舞)的道具或道具的放大、缩小模型(如同今天置于鞋店橱窗内的巨人鞋及微型鞋模型)。就一般歌舞者(不包括国王或高级祭司)而言,三星堆青铜面具、金面罩或许过于沉重、过于高贵了,为了便于穿戴和不僭越,他们使用的应该是合于尺寸的木质面具或皮质面具。

四川汉代"颠头"造型

英国著名艺术家雅克·夏耶认为:面具、音乐和舞蹈最早都是在"神"的前提下结合在一起的。(转见《三星堆文化》)当代文艺理论家、著名美学家朱狄先生在他的《原始文化研究》中举例证实这个观点说:特洛亚·费莱尔洞穴中戴面具奏着乐器的巫师的舞蹈,就是想用咒语招来驯鹿。史前洞穴艺术中频繁出现的舞蹈者的形象,有的化过装,戴了面具,有的仍然赤身裸体。这种遍及世界各地的舞蹈是原始宗教祭祀仪式的一部分。直到今天,在非洲和亚洲的某些地区仍然有着同类性质的舞蹈。

  图腾祭祀、图腾歌舞属于图腾文化的一部分,而图腾文化乃属原始的精神文化;在已进入阶级社会的三星堆文明时代[1],应该不会存在有属于图腾文化的东西——就基本理论而言,这当是毋庸置辩的一种常识。但是,任何文化,任何意识观念形态的东西都不会因为所属的那个社会阶段或社会主体成分的消亡而迅速消亡,它必然会在所承继的那个新的阶段或社会主体成分中继续残存并发生一段时间的影响。我们对三星堆古蜀人的音乐歌舞艺术亦当作如是观。尽管三星堆古蜀人在商至西周初期的宗教意识领域尚保存有图腾崇拜的残余,但祖先崇拜、英雄崇拜和神灵崇拜(包括祖神崇拜)毕竟占有相当地位甚或主导地位。因此,反映在三星堆古蜀人的艺术生活中,其"原始歌舞的图腾活动",应是与关于祖先崇拜、英雄崇拜、神灵崇拜等的音乐歌舞糅为一体的,呈现出你中有我、我中有你的文化架构,是很难截然划开的。

  然而,无论我们将三星堆古蜀人的音乐歌舞艺术的文化成分作何观,面具参与了其音乐歌舞艺术活动并构成不可分割的有机部分的观点,则当是允许成立的。之所以这样判断,还因为三星堆古蜀人的面具歌舞在其后裔中得到了延续:

---

1 三星堆与金沙遗址所出十几具背缚奴隶石雕,揭示了古蜀社会阶级对立的事实。

第一,如前所述,面具曾突出地现身于四川汉代傩舞中。傩舞是傩文化[1]的主要载体之一。就汉代四川方相舞"颡头"而言,它明显带有三星堆文化的因子——纵目。换言之,汉代四川方相舞极有可能是三星堆古蜀人面具舞蹈的一种延续和发展。因此,四川汉代及汉以后傩舞、傩祭的源头在商至周初的三星堆。

第二,三星堆古蜀人的面具歌舞反映在被视为古羌—蜀族后裔的现代彝族的民间舞蹈戏曲中。据民族学者调查,在川滇彝族罗娶支系的火把节舞蹈上,人们是戴着纵目人面具载歌载舞的;而黔西北彝族的民间戏曲——"撮泰吉"的面具运用更为典型。"撮泰吉"在彝语中意为"人类变化的戏",是黔西北威宁县盐仓区板底乡的彝族村落——板底村和曙光村的一种传统傩戏。其演出内容为彝族先民们的生产生活史,有人物、独白、吟诵、舞蹈,但缺乏故事情节。演出时,除"惹戛阿布"[2]外,其他演员都要戴面具。面具形状大小不一,一般大出正常人面一倍,长约30厘米,宽约20厘米。面具的特点是前额凸出,鼻子长,鼻梁直,眼睛大,滚圆突出,分为直目和横目两种。这特点,与川滇彝族火把节舞蹈面具、四川汉代方相舞"颡头"大体相似,亦应同出一源。"撮泰吉"面具可以在彝族著名创世史诗——《查姆》中找到根据。《查姆》以独特的想象,把史前人类的发展分为"拉爹"(独眼睛人)、"拉拖"(直眼睛人)和"拉文"(横眼睛人)三个时代。当地彝族人也认为,人类曾经历过"阿乌纳巨惹",即直眼人时代。

---

1 广义的傩文化实际就是巫视祭祀文化。
2 "住在山林里的老人",为"撮泰吉""领头巫师"。

值得注意的是,当地"撮泰吉"活动[1],还辅以"鸡蛋卜",即将鸡蛋埋于土中,在下一年的"撮泰吉"中挖出,看蛋好坏,断卜吉凶、年景。"撮泰吉"中的这种仪式,当是古羌—蜀先民——三星堆先民的鸟—鸡崇拜的孑遗。它与四川汉代方相舞中的"鸡父颠头"有着异曲同工之妙。对于"撮泰吉"的源头,有研究者认为其与中原颠舞、颠祭无关,而"纯粹是彝族原始社会童年时代所自发产生的产物,是彝族文化系统中的颠仪和颠戏"。这实际又一次地说明,贵州彝族"撮泰吉"的根在古羌—蜀氏族、部落社会那里,在古羌—蜀先王蚕丛氏、鱼凫氏时期的古蜀文明那里。

精神生活同物质生活一样,是人类社会不可或缺和得以确立与发展的基本内容。但是,在上古时期,特别是在距人类原始社会并不遥远的商代三星堆古蜀社会,这种精神生活(包括文化艺术)则多属于城市文化的一部分,亦属于宗教文化的范畴,反映着宗教思想、宗教信仰的各种内容,比如与母系氏族制度密切相关的图腾崇拜残余及属于部落宗教的自然崇拜、祖先崇拜和进入阶级社会以后的神灵崇拜等。它们共同构成商周秦汉时代古蜀社会扑朔迷离而又有声有色、多姿多彩的宗教信仰的大体系,并进而渗透、影响到人们的政治观念、经济意识和文化心理,从而以一种文化传承的方式,在政治、经济、思想、文化等诸多领域进行了强大参与,推动着一代又一代的巴蜀人民踏着先民们的奋斗足迹,创造出令世界瞩目的具有鲜明地域特色的巴蜀文化(包括物质文化和精神文化)。

---

1 一般在正月举行。

谁是"古代乐坛之王"?

"艺术是一座城市的灵魂"——这是古希腊哲学家柏拉图的一句名言。这里笔者再续貂一句:艺术是一座城市的色彩。人们通过艺术,认识了自己,也看到了这座城市的气质。就殷商时期的三星堆而言,艺术主要指的是音乐舞蹈艺术。

中国古代的乐器大致分作金、石、丝、竹、匏、土、革、木八种质料,称"八音"[1]。其中尤以石、土历史最为悠久——按中国现代著名历史学家、古文字学家徐中舒先生言,可能是"新石器时代流传下来的"。《吕氏春秋·古乐》说:"帝尧立,乃命质为乐。质乃效山林溪谷之音以歌,乃以麋鞈置缶而鼓之,乃拊石击石,以象上帝玉磬之音,以致舞百兽。"这段记载,反映了当时上层统治者对音乐舞蹈艺术起源的认识,虽然不足取,但其所提供的中国音乐舞蹈史的资料,却是应引起重视的。其中帝尧命"以麋鞈置缶而鼓之"的"缶"即土陶所制,又称土鼓。此外,在古乐"八音"中,与缶同为土陶质地的还有埙。而"八音"中的石,即《吕氏春秋》中"附石击石"之石,指石磬,细分起来,又有石磬与玉磬两种。据说,磬的历史比缶、埙更为久远,且被音乐研究者们誉为"古代乐坛之王"。

中华人民共和国成立以来,在河南、山西等地夏商时期的古老遗址中,陆续有石磬出土。山西夏县东下冯出土的石磬,是打制而成的,

---

[1] 《周礼·春官·大师》:"皆播之以八音:金、石、土、革、丝、木、匏、竹。"

保留着原始风貌，其年代距今约 4 100 余年。河南偃师二里头出土的石磬是磨制的，形制比较粗犷，其年代距今约 3 800 多年。1950 年安阳殷墟武官大墓出土的虎纹特磬，长 84 厘米，高 42 厘米。其虎纹（刻纹）线条生动流畅，轻轻敲击，即可发出悠扬清越的音响。

三星堆曲尺形玉石磬

在四川，与商磬时代大致相近的则是 1927 年广汉农民燕道诚父子在月亮湾挖掘出的可视为三星堆遗址第一批出土文物中的玉石磬，以及 2021 年在三星堆八号坑出土的引起一片惊呼的大石磬（残破）。1927 年的那件玉石磬，磬面经过精心雕琢而光滑细腻，形制精湛规整，有如曲尺，质料似蛇纹岩，呈棕灰色。其外边长 27.5 厘米，内边长 11.8 厘米，博宽 11.8 厘米，厚 1 厘米，折角上部有圆穿孔，用以悬挂。这件玉石磬原已断为两截，后经广汉市文管所拼对黏结复原，现敲击之，音质仍清脆优美。

按葛维汉、林名均及郭沫若先生的推断，月亮湾出土的玉、石、陶器，其"时代大约是西周初期"，沈仲常、黄家祥先生则将其时代判为"大约与中原的商代相当"。因此，这块"曲尺"形玉石磬，与后来的三星堆遗址出土文物年代大体一致，它也应该同后者一样，被视为在三星堆建都立国的古蜀人的器物。

2021年发现的残破的大石磬，拼接后测量其残长98.6厘米，宽52.4厘米，厚4.1厘米，表面打磨平整，呈圆角梯形状。其左侧有一残缺圆孔，直径约2厘米，应用于悬挂。轻轻拍打，会发出清亮的声音。

对于磬的创造者，大致有四说。其中之一是《周礼·冬官·考工记》所记磬氏造磬说。有研究者揣测，这磬氏与造钟的凫氏可能是同一人，或许就是古蜀王朝的鱼凫氏。不论此推测是否合理，总之，在商至周初之际尚在三星堆立国的古蜀人拥有两种形制的玉石磬——这古蜀乐坛之王，却是难以否认的事实。

此外，有意思的是，三星堆的这两件磬竟与商周时代中原各地磬的形制完全一致。幸晓峰先生曾以月亮湾所出"曲尺"形磬为例，说它是符合《周礼·考工记》关于石磬制造标准（均一一对应）的一个罕见的实物例证。而三星堆磬与中原磬的这种"完全一致"现象，则正应了郭沫若先生在1934年7月从日本写给月亮湾遗址发掘者之一的林名均先生的复信中的论断："这就是古代西蜀曾与华中、华北有过文化接触的证明。"当然，这接触究竟孰先孰后或曰孰主动孰被动并不重要，因为文化的接触既是一种双向对流，便会互有主从，并且，在此项内容或此块领域可能给予对方之影响要早些、多些者，极有可能在彼项内容或彼块领域则处于相反状况。所以，只要认可中华文明的发源乃是多元或曰"满天星斗"式就可，再进一步，以为处处、事事都是古蜀文化领先，便颇有"夜郎自大"的味道了。

话又说回来，在音乐艺术方面，三星堆文明时期的古蜀国实不亚于发达的中原地区。因为古蜀人除了拥有先进的磬以外，还拥有那一时期华夏范围内几乎所有乐器——陶埙、铜铃、铜鼓、铜錞于等以及其他乐器。

陶埙出土于三星堆遗址房屋密集的生活区内。埙大致同缶、磬一样，也是"新石器时代流传下来的"；为一种吹奏乐器，其音"刚而浊"。在上古乐器中，埙往往同篪连吹，《诗经·小雅·何人斯》在"伯氏吹埙"句后，便是"仲氏吹篪"，后世多用以喻兄弟和睦。《诗经·大雅·板》有"如埙如篪"句，《毛传》[1]曰："如埙如篪，言相和也。"

铜铃是我国最早的青铜乐器。1986年在三星堆遗址二号坑出土的各式铜铃多达43件，2020—2022年对六个坑的发掘，也发现一批铜铃（仅八号坑就有8件）。它们在形制、音质上，并不输于国内出土的同期铜铃。

铜鼓与石磬（残）同在八号坑出现，形似喇叭，尚待最后认定。

三星堆虽然没有铜錞于出土，但我们从秦汉以后的典籍，仍可推见古蜀人在铜錞于占有方面的情况。如宋洪迈《容斋续笔》[2]卷第十一（十五则）说："广汉什邡民段祚以錞于献鉴，古礼器也，高三

1　中国研究《诗经》的著作，即《毛诗故训传》。
2　我国历代考证笔记中最负盛名，并具有鲜明特色的一部著作。

尺六寸六分,围二尺四寸。圆如筒,铜色黑如漆,甚薄,上有铜马,以绳县(悬)马。"西汉所设广汉郡治所在今四川金堂县东的乘乡(东汉时郡治移往雒县,即今广汉市北),辖境广袤,大致拥有今甘肃文县,陕西宁强以南,四川旺苍、剑阁、蓬溪以西,潼南、遂宁、新都以北,什邡、北川以东地区。直迄南北朝时期,上述地区的古蜀錞于还有发现,不过已引为"稀奇",所以才会有广汉郡什邡县(今什邡市)百姓段祚献錞于之事,并被官方记录在案。当时,錞于在黄河流域大致绝迹已久,故而反映在《周书·斛斯征传》里,才会出现这么一段文字:"乐有錞于者,近代绝无此器。或有自蜀得之,皆莫之识。"

此外,前述"曲尺"形的古蜀玉石磬亦曾在蜀灭国后的蜀地时有出现。如《汉书·礼乐志》即记汉成帝时(公元前32—前28年),"犍为郡于水滨得古磬十六枚"。这大致可视为一组"编磬"。《初学记》[1]卷十六引《三礼图》说:"凡磬十六枚同一簨虡[2],谓之编磬。"《周礼·小胥》则说:"凡县(悬)钟磬,半为堵,全为肆。"郑玄注说,八枚为堵,二堵为肆。这里反映出的古蜀编磬竟与西周完全一致,这便再一次地说明,古蜀与中原的交流—交融是何等密切!难怪《华阳国志·蜀志》描述先秦时代的蜀国说:"在《诗》,文王之化,被乎江汉之域;秦豳同咏,故有夏声也。"

对于古磬、古錞于的演奏以及古蜀人的音乐艺术发达情况,我们可以从成都市百花潭中学出土的战国早期的雕刻有"宴乐水陆攻战"

---

1 唐玄宗时,张说、徐坚、韦述等编修的一部官修类书。
2 簨虡(sǔnjù):古代悬挂磬钟鼓的木架,横木为簨,直木为虡。

成都百花潭中学出土错金铜壶上的"宴乐水陆攻战"图

图的错金铜壶（现存四川博物院）上得到一点了解。这件铜壶上的画面大致分作三部分内容，第一部分是狩猎习射和采桑，第二部分是宴乐、武舞，第三部分是水陆攻战。其宴乐武舞图左侧为一完整的演奏图，奏乐者凡九人。其中四人取站姿，两两一组，皆双手执槌，分击编钟和编磬。编钟为四枚，编磬为五枚，均悬挂于同一架上。另有四

青铜虎钮錞于

人取跪姿,其中亦分成两组各执笙、箫(为排箫)相吹。其与击钟、敲磬者间隔排列。再右侧,则有一人执双槌敲击錞于。图中编磬为五枚,曲尺形,编制与汉成帝时代于蜀地水滨所得编磬不同(意即与西周编磬制度不同),亦与殷墟出土的编磬不同(殷墟出土编磬四枚或三枚一组)。这反映出古蜀人的编磬以及音乐艺术体制与中原既有共通一面，亦有不同的一面，这不同的一面则是鲜明的古蜀文化的反映。当然，战国"宴乐水陆攻战"错金铜壶大致属于杜宇—开明氏时期的文物，比蚕丛—鱼凫族主蜀的三星堆文明时期大约晚了六七百年或者七八百年。尽管如此，由于地域文化的连续性、继承性，这成都战国"宴乐水陆攻战"图上的那些形态逼真的精细画面，仍可折射出三星堆先民的音乐艺术风采。

同世界上其他地区、其他民族的情形一样，进入文明社会的巴蜀居民也拥有自己的音乐歌舞艺术，而且，这种音乐歌舞艺术亦像英国著名艺术家雅克·夏耶所揭示的那样，也走过为神、为国王、为音乐歌舞艺术本身服务的三个阶段。就人类音乐歌舞艺术的发展历程而言，其最早的主角或服务对象只有一个，即图腾或神。音乐歌舞艺术为图腾或神服务的阶段最长，可能有几万年的时间，而为国王服务的阶段大概有几千年的历史，为音乐歌舞艺术自己固有的目的服务的历史则充其量只有几百年。关于音乐歌舞艺术最早是为神服务的这一点，我国古籍中亦有所见。如前举《吕氏春秋·古乐》记载的那段："帝尧立，乃命质为乐……以象上帝玉磬之音，以致舞百兽。"至于为国王服务的音乐，在古籍中则屡见不鲜。仅就巴蜀地区而言，《华阳国志·巴志》中"阆中有渝水。賨民[1]多居水左右。……锐气喜舞。（汉高）帝善之，曰：'此武王伐纣之歌也。'乃令乐人习学之"的话即是明证。当然，这是指曾以歌舞"凌殷人"的巴人。关于蜀人，《华阳国志·蜀志》

---

[1] 賨（cóng）民：历史上巴蜀当地的少数民族。《说文解字》："賨，南蛮赋也。"明欧大任《巴渝篇送丘谦之》：阆中古渝水，賨民万馀家。

也有载：" 武都有一丈夫化为女子，美而艳，盖山精也，蜀王纳为妃。不习水土，欲去。王必留之，乃为《东平之歌》以乐之。无几，物故……后王悲悼，作《臾邪歌》《龙归之曲》。"

《东平之歌》《臾邪歌》《龙归之曲》究竟为何曲，因未见传，不得而知。或许《东平》《臾邪》《龙归》是常璩按秦汉学者所记录的时称为"左言"时蜀语的音译？由此我们还可以推想，鱼凫时代的三星堆先民所唱的歌，大约也是《东平之歌》一类的曲调。只是因为"左言"的原因加之距离秦汉两晋时代更加遥远，且灭国突然，故而未及被秦汉两晋学者记录下来。

这里且在邓廷良先生《丛林战舞》的基础上，为 3 000 年前的三星堆鱼凫王朝的末日，勾勒悲壮的一幕：

暮色苍茫。

风儿把满天的乌云急急地赶向雒水平原上空。泛着鱼肚白的古雒水（即今鸭子河）匆匆流过，将一股股带血的腥味送向它环绕的三星堆城头。

在一面依然平静飘扬的绘有黑色鱼凫标志的大旗下，最后一代鱼王率领着已为数不多、个个血污的守城将士，怒视着城下四周黑压压一望无际的杜宇族大军。刚才，这儿才经历过一场激烈的鏖战。来自蜀国以南朱提的年轻的杜宇王，趁鱼凫王朝倾精锐北上参与伐商之际，挥师入蜀，一路势如破竹，很快就打到了三星堆蜀都城下。此时，他们已在雒水南岸安营扎寨，点燃一堆堆篝火，踌躇满志地劲舞狂欢。鼓声与歌声笼罩四野,胜利的喜悦充溢军营……明早,他们就将一鼓作气,以摧枯拉朽之力入主三星堆城,正式建立杜宇王朝。

城内,鱼凫族将士在三个巨大的黄土圜丘上也点燃了祭天地祖先的燔燎。从西南商道入贡国都的数百头大象,被全部宰杀慰劳与社稷共存亡的将士们。象牙连及国之重器青铜纵目大面像、青铜大神树、青铜大神坛以及巨大的玉石璧璋与其他贝货珍宝,被依次投入几座火坑。猩红的火焰伴随着滚滚浓烟腾空而起,映红半边天宇。

清脆的编磬敲响了,铿锵的编铃叩响了,沉抑的土鼓擂响了,凄厉的埙麂吹响了……年迈的鱼凫王面向西北方向遥远的岷山故地祷祝着,两行晶莹泪水悄然爬过他那清癯和布满皱纹的双颊……良久,他滞缓而庄重地戴上黄金面罩,将手中雕绘有鱼、鸟、人图案的金杖朝天竖起——一场直撼天地的祭祖祀神祈天大歌舞即刻开始。在十余个头戴大面具的王室巫师的带领下,全城残余的将士连同眷属及城内百姓一道,唱起愤激高亢的"左言"《鱼凫歌》,在雄壮而悲怆的乐声中一同踏地起舞,决心以一死来谢社稷祖神上帝。

……终于,鱼凫王和他的将士们淹没在翌日清旦的血泊中。偌大的土筑城郭被夷为平地,只留下鱼凫子孙死不旋踵的荣光,以及那一大堆怒目圆睁、象征灵魂不死精神的祭祖面具和几座还余烟袅袅的祭祀坑、大圜丘……

第四章：
食货之作

养蚕为本的蚕丛氏

《汉书·食货志》:"食谓农殖嘉谷可食之物,货谓布帛可衣,及金刀龟贝,所以分财布利通有无者也。……食足货通,然后国实民富,而教化成。"三星堆古蜀人不知道有没有这一通大道理,但从蚕丛、鱼凫、杜宇、开明诸氏治蜀的情况看,他们在实践上的确做到了以食为天,以农为本,旁拓工商交通金融,从而带来了商周时期古蜀国数百年的繁荣。

三星堆四期文化的历史从距今 4 500 年一直延宕到距今 2 900 年,即从新石器时代晚期中经夏、商直迄周初。

在三星堆遗址里出土有大量的石锄一类生产工具(包括 20 世纪 30 年代初董宜笃、戴谦和、葛维汉等在月亮湾收集到的重达数磅的大石斧、石凿等),"绝大多数是磨制,不少通体磨光,加工精整"。与此相应,在成都十二桥遗址、指挥街遗址、方池街遗址内,也出土有石质的农业工具数百件,大多为中小型磨光的斧和锄。这些工具刃部锋利,并有使用过的痕迹。其石斧形状多为弧顶、平顶和窄圆顶,呈长条形或梯形。锄、斧的近顶部个别有穿孔,以利绑扎。从形状和使用痕迹观察,这些工具非常适合挖土、开荒种植,如刃部宽度大于顶部,便于手握及装柄;器物纵剖面为上厚下薄,双面刃,刃部锋利,则便于插入土中挖掘。其石质多为砾石、片岩、页岩和板岩等,以砾石所占比例最大。它们制作非常精美,加工技术比较先进,其钻孔使用了管钻等多种方法。此外，还有磨制的石铲、杵、矛及打制的石盘状器、砍砸器、刮削器、有柄石锄、斧形器等及骨质、木质工具，它们应属于一期文化（新石器时代晚期至夏，距今约 4 500—3 600 年）的产品，已呈现出专门化、系列化特点，反映出那时古蜀农作物品种的多样性。而今天川西平原使用的手工农具，除其质料为铁质外，在外形上竟与三星堆一期文化的遗存几乎一致。这一方面说明了川西平原在过去的四五千年中，土壤质并未发生多大改变，仍多为紫色土，土质疏松、湿润，易于耕作，另一方面则表现出川西平原农耕工具具有悠久的传承性特点。

  古蜀人选择在鸭子河（湔江）、马牧河的"两河流域"开发农业、发展经济绝不是偶然的。这一地区处于湔江冲积扇前缘，得山河之利、水利之便。成都水利史专家郭发明先生介绍说，成都平原主要是由一系列冲洪积扇群和扇前平原、洼地构成，周边有冰碛台地。各冲积扇上河流出山口后即作网撒状分布，而最后又收束于金堂、双流、新津三地流出平原，形成三组纺锤形小水系。这样便使得各冲积扇顶部河道密集，地面坡度大（岷江、湔江诸扇均可达 10‰），水流不易控制，土层较薄，地下水位亦深（可达 20 米），不易汲取；各水系下游则排水不畅，易淹易涝。只有在冲积扇前缘即平原中部，综合条件最佳：河间台地宽阔，地面坡度适中，地下水面接近地表，易于汲取和引流[1]，土层亦易于积聚。所以古蜀先民才选择它们作为聚居建都之地。

  古蜀人的第一代首领是蜀山氏，也就是蚕丛氏。他不是搞农业的，

---

1 这一带历史上是著名的地下水灌区。

而是养蚕的，但是他把蜀部落—部族从岷山引过龙门山带到成都平原偏西的这块被称为广汉平原（亦称雒水平原）的地方，开始垦殖耕作。

成都交通巷西周铜戈上的蚕纹

根据《史记》《大戴礼记》《华阳国志》等典籍的描述，蜀族的早期历史与黄帝及其元妃嫘祖，还有大禹等有密切关系。黄帝族（包括大禹）与蜀族都属于西戎古羌系统。《史记·五帝本纪》说，黄帝娶西陵之女即嫘祖为正妃。嫘祖生二子：一为青阳，居江水；二为昌意，居若水。《史记》司马贞索隐说："江水、若水皆在蜀。"江水就是岷江，若水就是雅砻江。《史记》还讲，"昌意娶蜀山氏女，……

生高阳"，蜀山即岷山，高阳就是继承黄帝事业的帝颛顼，蜀山氏则是居住于岷山—岷江上游地带的古羌人。蜀山氏在后来有"先蚕圣母"之誉的嫘祖的影响下，也开始养蚕治丝，于是就有蚕丛氏之称。他们的中心区域在今茂县叠溪，旧称蚕陵。以后蚕丛氏沿岷江河谷南迁，进入成都平原，形成"三代蜀王"[1]之首。

古史传说中的最后一位帝王——大禹，是黄帝的玄孙（黄帝—昌意—高阳—鲧—禹）。他在据传为扬雄所著的《蜀王本纪》里为汶山郡广柔县人，生于石纽。汉代广柔县域及治所如何、石纽在哪里——历来众说纷纭，但广柔县却是毫无疑问实实在在地处于岷江上游的益州汶山郡治下。以《史记·六国年表》为代表的众多典籍都说"禹兴于西羌"。西羌除了今四川岷山—岷江上游地带外，还包括黄河流域的甘、青地区，然而甘、青地区在古代并无广柔县。因此指大禹出生于今四川岷山—岷江上游地区，应该是可以的。

嫘祖生二子于蜀地的江、若，其中昌意娶蜀山氏女，而嫘祖与黄帝的四世孙大禹亦出生在蜀地——这三个相互关联的古史传说说明，在新石器时代晚期的部落—部落联盟时候，古蜀地就与中原关系紧密，那时的蜀族便与黄帝族有了姻亲之缘。这才有后来嫘祖授蜀山氏以"蚕经"的故事。至于《华阳国志》说黄帝、高阳"封其支庶于蜀，世为侯伯"，将历代蜀王都视为黄帝后裔，则"是战国以后产生的一种构拟，这种构拟反映了民族融合的社会现实和'天下一家'的思想潮流"（蒙默等，《四川古代史稿》）。

1　指蚕丛、柏濩和鱼凫。

蜀山氏—蚕丛氏在蚕陵养蚕的时候，或许正当新石器时代晚期。蚕陵这地方在岷江上游东岸的台地上，为一小平原。这里"桑林岁久"，野蚕散挚。蚕丛氏一族即从桑树上取下野蚕，于家丛聚驯养，遂成家蚕，继而缫丝制衣。但古史传说将这一功绩首先系于嫘祖名下，民间传说亦如此。此外民间还有青衣神（即蚕丛氏）和马头娘的传说，讲的都是古蜀先民开创养蚕缫丝的故事，美丽而动人。其中尤以马头娘即"蚕花娘娘"的故事感人。袁珂先生根据晋人干宝《搜神记》卷十四及川西民间传说而在《中国神话传说》一书里讲述说：

在很古很古的时候，有一个男子出门远行，在外面很久没有回家。他家里没有别的人，只有一个小女儿和一匹公马，这公马就由小女儿亲自喂养着。小女儿在家里很是寂寞，常常想念她的父亲。有一天，她开玩笑地向拴在马房里的公马说道："马啊，你如果能够去把我的父亲迎接回来，我一定嫁给你做妻子。"

那马一听这话，就跳跃起来，拉断了缰绳，从马房里跳出来，跑出院子，跑了不知道几天几夜，一直来到小姑娘父亲住的地方。父亲见是自家的马从千里外的故乡跑来，又是惊异，又是欢喜，便抓住马的长鬃，翻身骑上去。那马很怪，一直望着它来的方向，伸长颈子，鸣嘶不已。父亲心里暗想：这马远远从家里跑来，就做出这种奇怪的模样，莫非我家出了什么事情？于是一刻也不停留，赶紧骑了马跑回家去。

回到家里，女儿才向父亲说明：家里并没有发生什么事情，只是想念父亲,马通人性,径自就去把父亲接了回来。父亲没话说,便在家里住下来;又见马这么聪明和重感情,心里很是高兴,待它更比往常不同,总是拿上等的料食来喂养它。可是马对着一大堆的丰美食物,不大肯吃,却每每见了小姑娘从院子大门进出而神情异常,又叫又跳……

父亲看到这种光景,心里奇怪,便悄悄问女儿:"你说说,那马见了你为什么又跳又叫呢?"女儿只得老老实实地把那次和马开玩笑的事告诉了父亲,父亲一听就板着脸孔向女儿说:

"唉,真是丑死了,——别说出去,最近几天也不许你出这院子的大门!"

父亲虽然爱马,可是决不能够让马来做他的女婿。为了省得那马儿长期作怪,父亲就亲自将它射死在马房里,然后剥下皮,晾晒在院子里。

这天,父亲因为有事出门去了,小姑娘和邻家的姑娘们同在院子里马皮旁边玩耍。小姑娘一见那马皮,心里生

民间传说中的马头娘

气，就用脚去踢它，边踢边骂："你这个畜牲，还想讨人家做你的妻子哩！现在给剥下皮来，真是活该！看你还……"

话还没有说完，那马皮就突然从地上跳跃起来，包裹住小姑娘就朝院子门外跑去，风样地旋转着，顷刻间就消失在原野的远方。女伴们见这种情景，骇得手忙脚乱，又惊又怕，谁也没办法救她，只得等她父亲回来，告诉他。

父亲听了女儿伙伴们的诉说，非常诧异，到附近各处去寻找了一遍，全无踪影。几天以后，才在一棵大树的枝叶间，发现了他那全身包裹着马皮的女儿，已经变成一条蠕蠕而动的虫样的生物，慢慢地摇摆着马儿样的头，嘴里吐出一条白而光的长长的细丝来，缠绕在树枝的四面。好奇的人们纷纷跑来观看，大家就叫这吐细丝的奇怪生物为"蚕"，说她吐出丝来缠绕住自己；又叫这树做"桑"，说有人在这树上丧失了年轻的生命。

这就是如今蚕的来源。小女儿后来做了蚕神，那马皮一直披在她的身上，和她做了永不分离的亲密伴侣。

袁珂先生还描述说，涿鹿一战，黄帝战胜了蚩尤，蚕神就亲自来把她吐的丝献给黄帝，庆祝他取得胜利。黄帝见了这美丽而稀罕的东西，大加赞赏，就叫人把这丝织成绢子，又轻又软，像天上的行云、溪中的流水，比先前那些麻织布好到不知道哪里去了。黄帝的臣子伯余又将这丝织的绢做成衣裳，黄帝本人也利用它来做帝王的礼帽、礼服。黄帝的元配妻子嫘祖，就是那一切女性（包括人和神）当中最尊贵的天后娘娘，也亲自把一些蚕宝宝养育起来，目的是让它们吐出像蚕神献来的丝一样好看的丝，织成许许多多行云流水般的又轻又软的绢子。嫘祖一开始养蚕，人民也纷纷仿效，蚕种滋生繁衍，愈来愈多，到后来竟遍及我们祖先所据有的这块丰饶的大地。采桑、养蚕、织绢，这诗歌般美丽的劳动，竟成了中国古代妇女们的专业。

其实，嫘祖—蚕丛（青衣神）—马头娘传说在四川民间乃属一回事，或曰三蚕神实为一神。这三种传说的主人公都有一个共同的特征——纵目。早有《荀子·赋篇·蚕赋》即说蚕"身女好而头马首"，以为蚕首如马首，而马目即似"纵目"。任乃强先生在《四川上古史新探》里说，之所以以蚕首比马首，是因为："蚕丛出于牧羌，善养马，既又创养蚕，恒以良马和蚕丝与华夏贸易，故华人谓'蚕与马同气'。以天驷为蚕，天马为丛辰，护持蚕命。故俗于饲蚕之月禁杀马，而绘蚕丛神像作马头。华夏周秦之俗如此，汉魏晋世亦当如此。故晋人传马头娘故事（崔豹、程雅皆晋人）。"

蚕—蚕丛为纵目形象，这不禁令人联想到三星堆遗址内出土的大型纵目人青铜面具以及青铜爬龙柱形器上那条"烛龙"。这"烛龙"短而圆的身躯，与其纵目四羊角大头很不成比例，也不像众所熟知的曲虬浑长苍劲的龙的形象。因此，这"烛龙"之身或可视作蚕身。

此外，在古人的宗教意识中，蚕—龙—虎是一回事，三者同类，可互相转化。今人张文列举巴蜀青铜器纹饰及巴蜀符号，认为几乎所有的"虎纹"都呈现蚕样的形状，而很少有真正的条状"虎纹"，并指出，"蚕在巴蜀符号中是一个无所不在的神灵，既可幻化为蛇，也可神化为虎;所谓巴蛇、白虎云云,不过是蚕的不同隐语"。杨正苞先生则指出,三星堆遗址出土的金虎形饰其实兼具虎、蚕的特征,也可视之为"一弯曲的蚕体"。

三星堆金虎

的确,在已出土的巴蜀器物中,有着大量的蚕桑符号或蚕桑图案,如成都博物馆所藏战国时期的蚕纹青铜戈(成都交通巷出土)。在这些巴蜀图符中,有三种出现次数较多,是对蚕、龙、虎的简笔描摹,较为明显地演示出古羌—蜀人观念中,蚕化龙、化虎,蚕—龙—虎三位一体的思维定式。因而我们回过头来再次观察前述那件带有羊角的青铜爬龙柱形器,就会明白,此乃集烛龙、羊、蚕、虎等古羌—蜀族团在长达一两千年乃至两三千年以上的发生、发展史上曾拥有过的多种图腾于一体的复合图腾。诚如任乃强《四川上古史新探》及邓少琴

《巴蜀史迹探索》二书所识，古羌—蜀先民在极其艰难的自然条件下，为了生存与发展，在牧牛羊和少量农耕[1]的同时，也兼营渔猎与养殖，而养殖业主要是养蚕，用以自身蔽体、美饰和向周边氏族部落进行以物易物的贸易活动。养蚕本身则有一个从拾野蚕茧抽丝制绵到有意识地植桑养蚕的过程。以

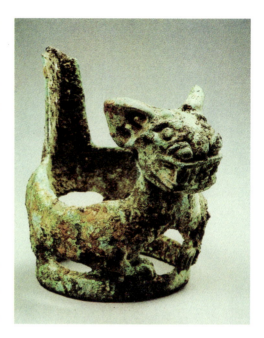

三星堆青铜虎形器

后成都平原乃至于全四川的养蚕业，即由此发源和推广开来。四川成都和德阳汉墓都出土有刻绘着"桑园"画面的画像砖。在成都出土的"桑园"画像砖上，一高髻妇女正在桑园内从事劳作。《太平御览》卷九百五十五引谢承《后汉书》说，东汉陈华在巫县任县令时，"有惠政"。是什么呢？乃植桑"二万余株，民以为自给"。《三国志·蜀书·诸葛亮传》里，亦记诸葛亮自述其家在成都"有桑八百株"。从这些事例中，大抵可以窥见四川桑蚕业的操作情形及其发生、发展的悠久历史和高度普及、发达的面貌。

1　在未进入成都平原以前，从松潘到叠溪这段岷江河谷，亦可耕作，只是耕地面积太少。

由于蚕或蚕丝在古羌—蜀的氏族部落的形成与发展时期"功不可没",因而古羌—蜀族团将其敬奉为图腾[1],便是顺理成章的了。所以,三星堆二号"祭祀坑"出土的那六棵青铜神树,也可以理解为类似后来《搜神记》里的马桑树;其中二号神树下跪着的三个青铜人,大致可看作是古蜀先民对养蚕之本——马桑树的崇祀与祷祝。

---

1 进入阶级社会以后又转为神灵,形成许多美丽动人的传说。

以盐立国的鱼凫族

按照《蜀王本纪》的说法,在四川盆地最早建国的是蚕丛、柏濩(灌)和鱼凫。柏濩以后的鱼凫应是从湔山(在今都江堰地区)进入成都平原的。但以上三代的建国史,在史籍中的记载都很模糊或混乱,尤其是柏濩,历代史籍语焉不详。所以李白才会在《蜀道难》里感叹:"蚕丛及鱼凫,开国何茫然!"

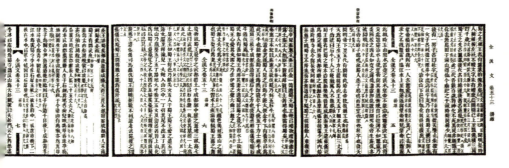

扬雄《蜀王本纪》(选自清代严可均校辑《全上古三代秦汉三国六朝文》,中华书局1958年影印本)

不过,自三星堆的八个坑先后被揭露出来后,人们多相信鱼凫王朝就在三星堆,当然,三星堆不会全属于鱼凫王朝——这也几乎没有争议。而鱼凫王朝之所以能在三星堆立足发展,在很大程度上得益于掌握了盐这个重要的战略资源。西汉桓宽在《盐铁论》[1]中说,"治

---

1 根据著名的"盐铁会议"记录撰写的重要史书。

家非一宝，富国非一道"，虽说治家理国不能仅靠盐铁，但毕竟说明了盐铁，特别是盐于人的成长及国家的发展的不可或缺性。

任乃强先生在他的《华阳国志校补图注》里曾提出著名的古羌民族食盐立国论。他认为："人类文化，总是从产盐地方首先发展起来，并随着食盐的生产和运销，扩展其文化领域。文化领域扩展的速度，殆与地理条件和社会条件是否有利于食盐运销的程度成正比例。起码，在十七世纪以前，整个世界历史，都不能摆脱这三条基本规律。"根据这个理论，任乃强指出，最初推动原居住于古康青藏高原的羌人向四方迁徙的动力乃在于盐。羌人的居住地拥有丰富的食盐，他们用此物与缺盐地区的原始居民进行以物易物。那些行盐的羌人，既是想要提高自己生活水平的人，也是引导氏族—部落过剩人口向外流动的人，行盐能到哪里，人便流动到哪里。羌族之所以能向川边地区、四川盆地、甘南盆地以及汉中盆地等地区推进，便是看准了那些地区缺乏食盐。但是，挟哈羌（原属四川石渠县，今属青海果洛州玛多县）盐从松潘草原循岷江河谷南下的羌人（包括鱼凫部落一部族），在气候温暖、适于农耕的成都平原发展成蜀族，并最终扎根立国建都以后，却碰上了一个始料未及的大问题，即成都盆地食盐匮乏，而哈羌池盐，千山阻隔，万里迢迢，不但行盐已成明日黄花，连自身食盐供给也告结束。不过，蜀国却终于得到发展、昌盛以及延续一两千年，其中的一个重大秘密，就是仰给于巫、巴之盐。

巫、巴指巫䣙国与巴国，它们地处以巫溪河谷为中心的三峡地带以及渝东一带。巫溪即今大宁河，它从渝、陕、鄂交界处的大巴山发源，经今巫溪、巫山两县，蜿蜒 200 余里，南入长江。大江由巫溪口上溯 100 里至瞿塘峡口，有源自奉节县的大溪河入江。这大溪口（即瞿塘峡东口）与巫溪口（即巫峡西口）之间的百里地带，河谷开阔，依江傍山，多耕地。它们与巫溪河谷、大溪河谷相连，构成一块小盆地——任乃强考为《山海经》里的"巫臷之国"[1]。

浏览巫溪县地图，我们会发现在巫溪流域有不少以"白鹿"命名的地方。原来这里很早就流传着一个白鹿舐盐的美丽传说：

> 据传宝源山麓的盐泉本不为人知，有一天，有一部落民在山中追赶一白鹿至此。那白鹿突然停止了逃命，如饥似渴地狂舐一泉水渍地。这人趁机捕杀了白鹿，也尝试着去捧饮白鹿所依恋之水，竟咸而回甘，顿长精神。于是这人便呼引族人就此聚居，与盐泉相伴相生。以后他们又开始伐木煮煎泉水，用所得晶盐向四方居民进行贸易交往，得以富庶强大，形成以盐立国的巫臷国。

大致在巴人于渝东立国并发现南、北集渠的水下盐泉（即今天的万州区长滩井盐泉）等七处盐泉（时间约在殷末周初之际）之前的长时期内，整个长江中上游沿江地区的食盐供应都仰仗于三峡—巫臷文化带。这之中，由于巫臷国的盐泉产量最大，且最靠近大江，得舟楫之便最多，因而向长江中上游沿江地区供给食盐最力——向西于峡内

1　臷（dié）：古同"耋"，指年老、长寿。大。《山海经·大荒南经》："有臷民之国。帝舜生无淫，降臷处，是谓巫臷民。"

径达成都平原,向东于峡外直抵云梦盆地(两湖平原)。不仅如此,巫𫒡国的食盐还通过巫溪上游的若干支流河谷而翻越大巴山,供应汉中、安康和房山、竹山这些汉水支流上的各个河谷盆地。

就殷商时期于三星堆立国的蚕丛—鱼凫氏而言,他们大致是从鸭子河(古雒水)入今石亭江(亦称雒水或洛水),再至金堂会沱江,于泸州汇长江,沿江东下至三峡渝东地带,购回巫𫒡之泉盐。反之,巫𫒡国和帮助巫𫒡国贩运泉盐的巴族盐商、船工也正是沿此路线上溯进入雒水流域行盐的。川西平原上这么一个人口众多、国力强盛的奴隶制大王国,当是吸引盐商们纷纷贩盐西来的大市场。所以"蜀国境内曾发现船棺葬墓,盖许巴盐商居留者之墓。"

商业街遗址出土的巨型船棺

任乃强还根据著名的"巫山神女"神话以及《山海经·海内经》里"太昊(皋)生咸鸟"的记载,提出巫𫒡族乃羌族东徙的一个支族,形成时期同巫盐的发现与外销时期相当，初时的地域仅限于大溪—巫溪河谷。其时亦与中原的黄帝部落形成时期一致，亦在 5 000 年前。后来巫盐通过夔峡（瞿塘峡）畅销于四川盆地，通过巫峡畅销于云梦盆地及汉水流域和黔中高原等广阔地区，推动着长江中上游沿江诸部落、诸部族、诸古国进入一个大发展时期。而在这个推动过程中，巫䣥族自己也相应进入繁荣鼎盛时期。这一时期，大致在夏末至周初的 600 年间。巫䣥部落—巫䣥国大约从公元前 3300 年开始形成，至春秋中叶衰落消失，约存在了二千七八百年之久。

巫䣥国泉盐的外销，特别是销往成都平原，乃得力于巴人盐商与船工的逆水行舟，不辞辛劳。其实，巫䣥与巴族，很可能同出一源。战国史官撰写的《世本·氏姓篇》[1]（秦嘉谟辑补本）称巴人廪君[2]的先主是巫山诞（疑即䣥）部落人，后来不知怎么地辗转到了鄂西武落钟离山（今湖北长很山）。廪君取得巴族领袖地位后，乃乘土船溯夷水西上，至盐阳射杀盐水女神，抢占了这个母系氏族领袖的盐利，又在夷城建立了根据地。《后汉书·南蛮西南夷列传》关于廪君与盐水女神[3]的情节，即本于《世本》。

1 　记载从黄帝到春秋时期帝王、诸侯、卿大夫的世袭和氏族，也记载帝王的都邑、制作和谥法等，是家谱研究的源头。

2 　巴人原始社会最早的部族首领。《世本·氏姓族篇》："廪君之先，故出巫诞。巴郡南郡蛮，本有五姓：巴氏、樊氏、瞫氏、相氏、郑氏，皆出于武落钟离山。……未有君长，俱事鬼神。廪君名曰务相，姓巴氏……因共立之，是为廪君。"

3 　《后汉书·南蛮西南夷列传》："盐水有神女，谓廪君曰：'此地广大，鱼盐所出，愿留共居。'廪君不许。盐神暮辄来取宿，旦即化为虫，与诸虫群飞，掩蔽日光，天地晦冥。积十余日，廪君伺其便，因射杀之，天乃开明。廪君于是君乎夷城，四姓皆臣之。"

我们再结合《山海经》之《海内经》与《海内南经》的相关记载，可以大致明了：巫臷族与巴族应该同系一个祖脉，都是太皞（即伏羲氏）的子孙，意即同属羌族大系统。只是其中的一部分迁至巫山地域后而眷恋不舍，依盐泉而兴盛，是为巫臷（诞）；另一部分则继续漂泊游荡，东南入楚，落脚于武落钟离山，是为巴氏。以后巴氏大致又在夷城溯盐水而逾七岳山，经大庙坝再入巫山故地。所以郭璞注《山海经·海内经》里才会出现“流黄（黄莺古称）酆氏（当指建都酆都的巴氏）”之称。巴人在长期的辗转流徙中发明了独木舟，且又善泅泳，擅经商，故而在三峡地面利用长江水系替本是同根生的巫臷民承担起推销与转运食盐的任务，而在回程途中，想必又会买进巫巴山地短缺的物品。这之间，巫、巴部落大致还在利益分配上发生过龃龉、争执，这才出现了《山海经·海内南经》所载夏帝启派官吏孟涂在巫巴山地断案的故事。《竹书纪年》夏帝启八年亦载：“帝使孟涂如巴莅讼。”袁珂在《山海经校注》里引《路史·后纪十三》注说：“丹山之西即孟涂之所埋也。”丹山乃今巫山《巫山县志》卷十七云：“孟涂祠在县南巫山下。”

到了商代中叶，巫臷国王因巴族运盐功大，允其定居巴乡（今云阳县故陵镇），建立巴国。在此之前和之后的一段时期，巫巴两族携手制盐、运盐、贩盐，使巫盐得以覆盖整个四川盆地，养育了无比灿烂的四川商代古文明——主要是三星堆文明。巴族在巴乡立国后，亦在所属境内发现了南北集渠的水下盐泉，并创造作井（以直径五尺的木桶隔断淡水）取水煮盐之法，使泉盐产量大幅度提高；以后又开辟涂井、㛭井两处盐利，首都则从巴乡迁至平都（今丰都县），再迁至枳（今涪陵）及江州（今重庆），悄然坐大起来，商周之际反而压倒了巫䢴国，将自己原先附庸国的地位与之反了过来。

巴国的坐大大致是从晚商到周初的一二百年或二三百年间。这之间，它与巫䢴国一定会不时发生争夺盐利乃至控制四川盆地甚或江汉平原的食盐市场的矛盾或摩擦。而这种矛盾或摩擦，一定会使远在长江上游的三星堆古蜀国产生断盐之虞。当然，从长期友好合作互利的老伙伴关系考虑，从维系已十分熟悉了的经贸关系旧格局着眼，古蜀国在这场争斗中最初大概会站在巫䢴国一边。这个时候悄然出现于瞿塘峡之西的鱼国，便是鱼凫王朝从三星堆派出的一支"国际维持和平部队"所建立的大本营。他们表面上在巫巴之间建立"非军事区"，以保护"国际盐利"和长江盐运，暗地里却向巫䢴国提供军火援助；当然，同时也自己动手采盐制盐，以保证母国——三星堆蜀国正常的食盐供应，不至于因巫巴之争而间断。他们选择安营扎寨的地方，正是1 000多年后相传诸葛亮布"八阵图"的地方——今奉节县白帝城西的"鱼复八阵"，习惯上称"水八阵"的所在。这里河滩上有丰富的盐泉，但夏秋季节被江水淹没；待冬春之际，三星堆鱼凫王朝的远征军将士们便来到河滩上，搬掉碛石，盐泉便汩汩涌出……这样年复一年，河滩上形成一片错落有致又十分威严的石垒阵列。这就是后来晋人传为彝陵之战（公元222年）后，诸葛亮为阻击东吴陆逊追兵而设的"八阵图"，据说其石垒纵横八行，行垒间相距两丈，共有64垒，今已不存，只余一长约150米、宽约60米，满布沙砾卵石的狭长碛坝供人们发思古之幽情。唐大历元年（公元 766 年），诗人杜甫曾在这里为之洒泪，作《八阵图》诗云："功盖三分国，名成八阵图。江流石不转，遗恨失吞吴。"那时的杜甫对《荆州图副》《水经注》的传言深信不疑，自然不会知晓这"八阵图"乃"三代"时古蜀人勤劳自立的遗迹。

1974 年冬至 1984 年春，宝鸡市博物馆先后发掘了宝鸡市茹家庄彊伯及其妻子井姬墓、宝鸡市竹园沟彊季及其氏族墓地、宝鸡市纸坊头彊伯墓。纸坊头彊伯的时代被断定在西周武王前后，竹园沟彊季为康王、昭王时代，茹家庄彊伯则为昭王、穆王时代。这证明，西周初期在今天的宝鸡市郊（宝凤隘道北端），曾出现过一个名叫彊国的小国。孙华先生根据其国名从"鱼"且墓葬中又都发现有形象似凫头的铜"旄"以及其他类似于广汉月亮湾—三星堆遗存（如尖底罐、尖底盏等器物）的文化面貌指出，这个彊国很可能与蜀鱼凫族之鱼氏有某种关系。笔者认为，这个推测该是不错的，甚至，这个彊国很可能是商周之际于瞿塘峡西立国的鱼凫族一支北上游弋渭水平原的结果。

那么，这个"彊国"之"彊"何以又从"弓"？这应当与蜀人引以为傲的蜀竹弓弩联系起来考虑。《交州外域记》曾记蜀亡于秦后，蜀王子孙安阳王率兵三万由叶榆水（今云南西洱河）进入红河，同南越王赵陀发生激战。"安阳王有神人，名皋通，下辅佐，为安阳王治神弩一张，一发杀三百人。"《日南传》则说得更神奇，称"神弩一张，一发万人死，三发杀三万人"。实际上，这里的神竹弓就是《华阳国志·南中志》里为吴人所钟爱的"蜀侧竹弓弩"。其质地坚韧，设计精巧，做工细腻，射程、准确度及杀伤力均大大优于名声也很响亮的吴弓弩与越弓弩。所以上自殷商，下至蜀汉的一千多年间一直威震南中国。西周初叶宝鸡地区的**夨**国，正是蜀人尚武并以蜀弓威慑四方，借以在异国他乡扎根立足的证据。

此外，考古工作者曾在大溪口遗址发现过新石器时代晚期的石锚。这石锚的主人，无论是视作为巫载部落民、巴部落民抑或蜀部落民，都不要紧。总之，它已能够说明这样一个事实：早在五六千年前，居住于今四川、重庆境内的先民们就已懂得利用长江水系进行交通往来，互通有无，从而发展自己、壮大自己了。而在这种交通往来、互通有无的过程中，先民们又逐渐认识到三峡地带扼关转枢的地理交通位置与经济文化地位，从而为夏商周之世的三峡—巫载文化奠定了基石。

中国现代著名历史学家、古文字学家徐中舒先生曾就古代黑陶遗物陶鬶、陶豆出土地址分布的情形分析说，早在"金石并用的时代"，"至迟在殷商的末期，四川与中原地区就已经有紧密的联系了"，"其主要道路应是沿江西上的。如忠县的黑陶与湖北宜昌、京山、天门等处出土的黑陶，在地域上就是紧密联系的"。（《论巴蜀文化》）其实何止黑陶，可以说在考古文化的所有方面，我们都能够发现四川与中原、与全国紧密联系、互相交流的例子。备受关注的三星堆文明就不必说了，即便在2001年发掘的金沙遗址出土文物上，我们也可欣赏到古蜀人大胆借鉴与学习外界的风采，其中最为典型者，便是两件大玉琮，其一为琥珀色，其二为翡翠绿，其造型风格竟与浙江良渚遗址所出大玉琮完全一致。此外，玉刀、玉矛的造型也带有甘肃齐家文化的因素。

再联系到在四川广汉三星堆，新繁（今属新都）水观音，成都金沙村、十二桥、商业街、羊子山，成都平原古城址群遗址中发现的大量的中原文化、荆楚文化、吴越文化、西北文化、滇濮文化及可能有的域外文化的因子，联系到扬雄《蜀王本纪》里关于"荆人鳖令死，其尸流亡，随江水上至成都，见蜀王杜宇。杜宇立以为相，……以其国禅之"的记载，《华阳国志·巴志》里关于"江州以东，滨江山险，其人半楚，姿态敦重，垫江以西，土地平敞，精敏轻疾"的记载，宋玉《对楚王问》里关于"客有歌于郢中者，其始曰《下里》《巴人》，国中属而和者数千人"的记载，可以相信，自远古时代起，西自岷山—岷江，中经三星堆—成都，东至江州—三峡的广阔的巴蜀地域就是当时各地域、各民族文化的一个聚合区与中转地。

这里还须强调的是，不仅依傍长江的巴人、荆（楚）人曾是水上民族，地处平原的西蜀鱼凫族由于先前曾以捕鱼为生，造就了水上好功夫，也是一个善于造船、驾航的部族。《淮南子·俶真训》曾将越舲与蜀艇并列；《史记·张仪列传》则记蜀有两船相并连的"舫船"；《华阳国志·蜀志》还记载了公元前308年秦武王派司马错出夔门伐楚，动用蜀中大舶船万艘，运载军队达10万众、米600万斛（旧容量单位，10斗为1斛或1石；1斛约合今30公斤，600万斛约合18万吨）……如此雄厚扎实的航运实力（包括技术实力），当有七八百年以上的累积基础方可。当年三星堆王朝能长年不断地派出购盐船乘江南下，能派出一支族人东出夔门闯天下，大概正是依仗的这种炉火纯青的造船、驾航功夫。

教化务农的杜宇帝

在三星堆的历次发掘中,考古工作者不时发现有稻谷的碳化痕迹;2021年亦在四号坑灰尘烬层里检测到稻谷的植硅体遗留,确认了三星堆蜀人以大米为主食的事实。这说明商周之际的成都平原已发展成为中国栽培水稻的中心种植区之一,并盛产菽、黍、稷等农作物。《山海经·海内经》写道:"西南黑水之间,有都广之野,后稷葬焉。[1] 爰有膏菽、膏稻、膏黍、膏稷,百谷自生,冬夏播琴。"

素女是古史传说中居住在青城山谷的一个神女,后来成了黄帝的侍女。素女酷爱音乐,最喜欢弹瑟。据说伏羲时代制作的瑟是50根弦,弹奏起来,音调过于悲哀。黄帝听了,忍受不了,便叫人把50弦的瑟减少一半,成为25弦的瑟,让素女替他弹奏起来,这样才觉得心里好受些。素女所在的青城山附近,就是"都广之野",天梯建木便生长在这片原野上。这里又是后稷埋葬的地方,物产丰饶,各种谷物自然生长,米粒白滑像脂膏,还有鸾鸟唱歌、凤凰舞蹈等奇妙的景象。"都广"或作"广都",杨慎注曰:"今之成都也。"曹学佺则细指为成都双流。对"播琴",郭璞、毕沅等皆注为"播殖(种)"。

段渝先生对《山海经·海内经》的上述记载评论说,三星堆近百年的发掘证明,三星堆古城就是古蜀王都,是蜀国的"天下之中",其使用年代,从早商一直延续到周初。这一方面说明《山海经·海内

---

1 郭璞注曰:其城方三百里,盖天下之中,素女所出也。

经》关于蜀都的记载有一定依据，它关于商周之际成都平原农业兴盛的记载是可以凭信的；另一方面也说明成都平原所产的菽、稻、黍、稷，大多品种优良，被人奉为上品。正因为如此，这片原野才被人称引为先秦农官"后稷"的归葬之处，以其富饶而为人向往。

三星堆遗址所处的成都平原又名川西平原。它北起今茂县九顶山，南至新津熊坡山，东起金堂附近的龙泉山麓，西至都江堰以西的邛崃山，面积约9 100平方千米，是我国西南地区面积最大的平原。一亿多年前，当四川盆地隆起上升时，成都平原却下陷成一个凹陷地区。在以后的漫长岁月里，发源于西北山地的岷江、沱江及其支流，从上游挟带大量泥沙，在这一凹陷地区沉积下来，积淀成这个著名的冲积平原。

根据竺可桢对中国近5 000年来气候变化的研究，夏商时代，华北地区的气候与现代差别并不是很大，仅高约2℃。那么，夏商时代的成都平原，应该也仍像今天一样，属亚热带湿润季风气候，终年湿润，年降雨量在1 000毫米以上，而全年无霜期则达300天以上，平均温度为16.3℃，四季分明。温暖的气候，密如蛛网的河流，再加上含有丰富的铁、磷、钾等物质的肥沃土壤，为当时蜀人的农业发展，提供了良好的条件。而农业的发展，则进一步推动了家畜、家禽饲养业的发展，推动了手工业的发展，并在此基础上促进了商品交换的进一步形成、发展与繁荣，这是无须赘言的。

三星堆古城的位置可以说首先满足了农业发展和城市生活必需的水利条件。当时城址选在鸭子河和马牧河之间的河间阶地上，大致如现在的广汉城的形势。根据1989年对三星堆遗址城墙的发掘，城墙除有墙体、护坡外，在城墙的外面还发现有人工开凿的护城河。这一方面表明了蜀先民已具有利用水来做战争防御的眼光，另一方面也表明蜀先民对发展农业水利的重要性也有了深入的认识，对开沟挖渠有了相当的经验积累。同时，需要指出的是，三星堆城墙本身实际也是一种防洪工程[1]，所以才能稳定维持达数百年至上千年之久。

此外，在成都指挥街、方池街遗址周代文化层中，也发现有成排的木桩或砾石埂等。据发掘者和一些水利专家考察，可能也是用于防治洪水的。

上述情况进一步说明，不仅传说中的杜宇氏—开明氏王蜀时代精于农耕，连它之前的鱼凫氏入主三星堆的这段时间，也应是一个农耕稻作时代，当然，同时也兼有渔猎经济。《华阳国志·蜀志》记载说，在鱼凫之后，代之而起的杜宇王"教民务农，一号杜主……巴亦化其教而力农务，迄今（指东晋）巴蜀民农时，先祀杜主君"。杜宇族或是从今云南入蜀的。

《蜀王本纪》说："后有一男子名曰杜宇，从天堕，止朱提。"朱提即今云南昭通，在金沙江右岸，系乌蒙山腹地一块近乎椭圆形盆地，为云南重要的水稻种植区。云南是中国水稻的一处发源地，在那里发现了5万年前早期的稻属植物，而人工栽培水稻的历史也有三四千年。从这种意义上看，杜宇族很有可能是云南先进的栽培水稻及其栽培技术的传播者。不过，湖南道县与江西万年县及河姆渡的考

1　成都平原目前所知的最早的一种防洪工程。

古发掘证明，早在距今 13 000—7 000 年的时候，长江中下游的先民已在栽培水稻。而在成都平原新石器时代的宝墩遗址中，也发现了 4 500 年前的碳化水稻。因此，水稻种植技术，很可能是从长江中下游传至三星堆古蜀国所在的广汉平原的。但是，不管怎么说，三星堆文化后期的杜宇族已在进行水稻的人工培植了。在遗址内发现的碳化稻谷，即可证明。在这种背景下，传说中的杜宇王教民务农植谷，是没有问题的。

成都市郫都区望丛祠望帝陵

古史传说讲，杜宇王（即望帝）教民务农种庄稼，时常叮嘱大家要抓紧天时季节，不要耽误了田里的生产。当时蜀国常常闹水灾，望帝虽然挂念人民身遭祸难，但苦于一时找不到一个好的办法来根治水患。后来，杜宇王任命从荆地来的鳖灵为相，让他负责治水。鳖灵带领人民凿玉垒山，开金堂峡，把岷江水分流入沱江。

这些传说表明，当时为了宣泄成都平原的洪水，保持水流畅通，在兴修水利方面做了大量的工作。当然，这些并不能当作信史，但说明一个重要事实，即当时的治水给人们留下的印象是非常深刻的，就犹如大禹治水一样。

鳖灵治水成功，威望迅速增长，杜宇王被迫让位给他，自己退隐到成都平原西边的山区，即西山（有学者说就是玉垒山）。鳖灵就是丛帝，又叫开明帝。杜宇禅位之时，正是春二月田野里杜鹃鸟鸣叫的时候，人民思念故君，于是又生出了诸如"杜鹃啼血"一类的哀婉故事。成都郫都区杜鹃村的老农就说："杜鹃鸟是杜鹃王变的，万年历就是杜鹃王所造。"他们指的杜鹃王就是望帝。而对三星堆大型青铜立人像，也有学者指为杜鹃王的。他们继而还将许多学者认作鱼凫造型的鸟头柄勺释为杜鹃鸟造型，而鸟头柄勺有几种类型，其中一种还真像杜鹃头呢！至于三星堆二号坑内出土的一件高冠青铜鸟形象，则更与杜鹃鸟相似。这大致可视作杜宇曾入主三星堆蜀国的一种实证吧！

在传说中的古蜀国诸王中，杜宇王应该说是最深得人心的，关于他的故事，流传得最多、最广、最久。在川西老农的嘴里，经常念叨着他生前如何爱护人民，如何教人民种庄稼，他死后又如何痴心不改，依旧惦念着人民的生活……所以他的灵魂才化作了杜鹃鸟，每到清明、谷雨、立夏、小满等农忙季节，就飞到田间一声声地鸣叫。人们都知道这是杜宇王的声音，感激地说："这是我们的望帝杜宇啊！"于是大家就互相勉励:"是时候了,快撒种吧!"或者说:"是时候了,快插秧吧!"并且还把这种鸟直呼做杜宇,或叫望帝,或叫催耕鸟、催工鸟以及布谷鸟等。所以,旧时成都平原的农民都祀杜宇王为农神,为川主;每到春耕季节,都要先祭祀杜宇王,然后才开始耕作。

三星堆居民的日常生活还包括家畜、家禽的饲养。三星堆遗址出土有大量的动物骨骼,如猪、牛、羊、马、鸡、犬等,大量的动物牙齿,全系猪牙和鹿牙;出土有众多的家养动物陶塑像,如猪、绵羊、水牛、公鸡等;出土有六鸟三牛尊、三鸟三羊尊等青铜制品;还出土有牛头、羊角、公鸡等青铜造型。在川西平原的其他商周遗址也出土有以猪为主的大量家养动物骨骼。它们反映出那时以三星堆—成都为中心的古蜀文化区的农业牧业全面发展的盛貌。而三星堆遗址和成都遗址出土的与饮食有关的陶器青铜器亦多种多样,有炊器、食器、饮器、贮存器等,如杯、盘、盏、豆、钵、罐、碗……这些复杂的器形,反映了食物的多样性,显示出农业进步、社会繁荣的情景。

正是上述原因,使得战国时期,与蜀及巴相邻的秦、楚等国都对秦岭以南、三峡以西的这片沃土馋涎欲滴。《华阳国志·蜀志》记司马错、中尉田真黄对秦惠文王言:"蜀……,其国富饶,得其布帛金银,足给军用。"《战国策·楚策一》记张仪说楚王言:"秦西有巴蜀,方船积粟。起于汶山,循江而下,至郢三千余里。舫船载卒,一舫载五十人,与三月之粮,下水而浮……"古巴蜀那时的富足,当然是在商周时期的基础上发展而来,是由三星堆文明奠定的,这应是不言自明的。

第四章：食货之作　　181

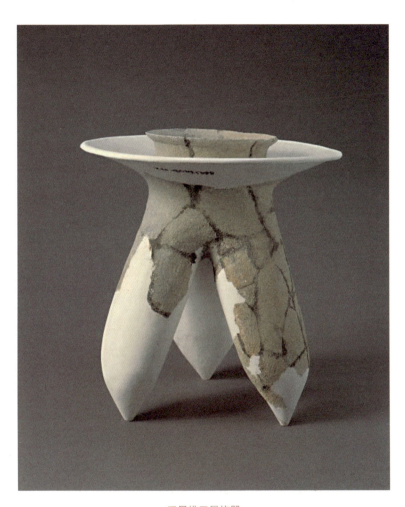

三星堆三足炊器

三星堆双耳杯

三星堆三脚陶盉

以酒为祭的开明帝

在三星堆遗址发现的饮食器中，酒器特别丰富。陶器有盉、杯、尖底盏、觚、壶等；青铜器有罍、壶、尊、方彝等。其中，仅瓶形杯就有几百件。这种杯外形如瓶或筒，具体式样又有差异，典型器形为：侈口[1]似喇叭形，束颈，腹壁向上斜收，平底，全器的最大径在底部。有的在颈部加一圈附加堆纹。器形细长，高低从几厘米到十几厘米不等，最高的约13厘米左右，容量约为100毫升，酷似现在北方烫酒用的小瓶。

最值得一提的是二号坑出土的青铜制品六鸟三牛尊和三鸟三羊尊。六鸟三牛尊共两件，口径分别为49厘米、47厘米，通高分别为56.5厘米、52.6厘米；在肩折处立雕有三个突出的牛头，每个牛头上及相邻两头牛之间各铸一鸟，作浮游状。其牛角向上微弯，似现在水牛的图像。牛眼用云雷纹代。整个造型不求形似，而求神似，透溢出一种威严的气氛。三鸟三羊尊亦两件，口径分别为42.6厘米、40.4厘米，通高分别为45.5厘米、41.6厘米；肩上立雕有三只羊头和三只鸟。羊头的眼雕为小眼，长有向后盘曲的一双大角。整个形象和现在的绵羊极为相似。它们都是用以盛酒的，但如此造型，在中原地区的商周出土青铜酒器中极少见；然而与湖南华容（长江中游）及陕西城固（汉江上游，属长江水系）出土的青铜尊的风格颇为接近。

1　专业术语，又称广口，多用于陶瓷、金属器物。

至于其他青铜酒器，如二号坑出土的两件四羊铜罍，也制作得十分精美：小敞口、短颈、方唇、斜折肩、矮圈足，肩、腹、圈足饰有繁复的凸弦纹、饕餮纹和云雷纹等。外缘及器壁上用补铸法铸雕四个羊头，羊角卷成云形。二号坑还有一件四鸟四羊罍，羊角向外作左右勾曲状，造型甚为奇异。

商周至战国时期的古蜀青铜酒器在成都平原其他地方也有出土，主要出于墓葬和窖藏，据统计，已达100余件，主要器类有罍、壶、尊、钫、缶、勺、鍪等。它们大多与中原形制相同，也有少数明显地带有巴蜀地域特色。这是那一时期长江上游文明既与黄河流域文明交往，又相对独立发展的一项有力佐证。

三星堆以及成都平原其他地区出土的古蜀酒器，当然还有力地说明了成都平原的酿酒历史至少可上溯至商代。在历史上，成都平原曾酿造出郫筒酒、临邛酒、清醙、乳酒、烧酒、锦江春、竹叶青、薛涛酒等。而史有明记的成都平原酿酒的最早记录，则可追溯到战国时期。《华阳国志·蜀志》说：蜀王移治郫邑后的九世开明帝"始立宗庙，以酒曰醴"。这是指蜀国开始仿效西周礼乐制度立宗庙，祭恬（甜）酒，时间大约在公元前400年前后。这里的醴指祭酒，指代礼。前述在成都市百花潭中学校园内出土的战国早期错金铜壶上的宴乐武舞图像，便表现出古蜀贵族们赏乐观舞、举杯豪饮的情形，形象地佐证了当时成都平原酿酒业的盛况。

需要说明的是，九世开明帝"始立宗庙"后的醴酒乃是一种"汁滓相将"的甜酒，即所谓"酿之一宿而成体，有酒味而已"的薄酒、浊酒。那时的人们一般都是酒与糟一同吃的。著名巴蜀文化学者袁庭栋先生说："这样的吃法是不会浪费粮食的。"在宋代蒸馏酒[1]出现以前大致都如此。三星堆文明时期酿酒业的发达，反映出古蜀人物质生活与精神生活比较丰富的一面。那时候，人们可能就已用醴酒来祭祀图腾、神灵和祖宗了。所以，当九世开明帝仿周制"始立宗庙"时，才可能按照传统继续在宗庙里祭以醴酒。在此之前的祭祖，则是在旷野的祭坛里进行。

郫邑（在今成都市郫都区）曾是杜宇王族和开明王族的蜀国首都，这里的郫筒酒，有可能便是早蜀醴酒的遗存。

郫都区郫筒镇内原有两口怪井，一方一圆，水清甘洌，皆坐落在郫筒池的水池间；且此井汲水，便波及彼井水动。明人曹学佺因之称奇，曰"鸳鸯井"。曹学佺在《蜀中名胜记》[2]中说："井畔产巨竹，刳为筒，汲水而酿，包以蕉叶，缠以藕丝，信宿香达于外。"这样，郫筒镇便靠着鸳鸯井和大竹筒——郫筒这两件一方尤物，酿制出了名噪千载的郫筒酒（至今还是川菜，特别是川味鱼烹调中，不可或缺的名料酒）。

唐代宗广德二年（公元764年）三月，杜甫从阆州（今阆中市）返成都途中作《将赴成都草堂途中有作，先寄严郑公五首》。其一有云："鱼知丙穴由来美，酒忆郫筒不用酤。"诗人想着又能和好友严

1　通常所说烧酒或白酒。
2　曾单独刊行于世，后辑入作者曹学佺另一部著作《蜀中广记》。

武共食丙穴鱼[1]，同饮郫筒酒，不禁喜上心头。南宋时，做过四川制置使的诗人范成大，亦留下有"草草郫筒中酒处，不知身已在彭州"[2]的诗句。当代四川著名美食家车辐（已故）也夸耀说："我们四川郫县郫筒酒厂出了一种'甜黄酒'，不亚于绍兴加饭酒。"他说的这种"甜黄酒"，其实就是郫筒镇传统的一种郫筒酒——"桂花陈酿"。这种桂花酒，苏东坡在谪居惠州时曾酿过。据林语堂先生考，其"酒精含量不多"，"有点像微酸的淡色啤酒"。苏东坡在杭州太守任上时，对朋友感慨道："所恨蜀山君未见，他年携手醉郫筒。"[3]所以，他后来虽在数千里外的岭南，也要自己动手酿制以解馋。清雍正十二年（1734年）秋至十三年春，康熙帝第十七子果毅亲王护送六世达赖喇嘛还藏途中路过郫筒镇，忆起古时与此相关的风流韵事，不由得挥毫写下"醲醴传香"四个大字。

醪醴酒工艺乃蜀人首创。据成书于6世纪中叶的《齐民要术》卷七讲：蜀人以流水渍小麦曲，取其汁水和米煮成饭，加工后，"合滓餐之，甘辛滑如甜酒味，不能醉人"。后来的郫县人大概在此基础上改大坛密封为竹筒密封，信宿（连宿两夜）便酿成，时间短而又可口，这反过来又促进了酿酒业的兴旺发达。今天我们在三星堆遗址内发现的数量惊人、品类繁多的各种陶质酒器中的那种腹部圆鼓的高领罐，大致就是醪醴酒的酿酒器。其"领高、口直，十分适宜封口密闭，既

1　西晋左思《蜀都赋》："嘉鱼出丙穴。"唐李善引刘渊林注："丙穴，在汉中沔阳县北，有鱼穴二所，常以三月取之。丙，地名也。"
2　宋范成大《入崇宁界》。
3　宋苏轼《次韵周邠寄雁荡山图二首 其二》。

可避免杂菌入侵滋生,又可造成有利于发酵的厌氧条件"。而它的下腹部成反弧内收,则便于受热;小平底虽不稳却宜于埋在灶坑边的热灰中保温。段渝先生认为,"这种酿酒器皿是很符合科学要求的",它反映出三星堆先民独特的创造性与鲜明的审美个性。

海贝成为货币的进阶之路

恩格斯在《家庭、私有制和国家的起源》一书里，针对原始社会和奴隶社会之交的社会发展状况指出，随着商品生产发展和交换范围扩大，直接地以物易物的商品流通便极不适应了。于是，一种特殊的商品——货币（即"商品的商品"），就逐渐地从商品中分离出来，起着一般等价物的作用，从而刺激了商品生产以及与此相关的社会两极分化的加速发展。恩格斯描述说：

> 商品的商品被发现了，这种商品以隐蔽的方式包含着其他一切商品，它是可以任意变为任何值得向往和被向往的东西的魔法手段。谁有了它，谁就统治了生产世界。但是谁首先有了它呢？商人。他们把货币崇拜牢牢掌握在自己的手中。他们尽心竭力地叫人们知道，一切商品，从而一切商品生产者，都应该毕恭毕敬地匍匐在货币面前。他们在实践上证明，在这种财富本身的化身面前，其他一切财富形式都不过是一个影子而已。

那么，古蜀文明时期四川居民的商品贸易或者说巴蜀商人所使用的货币是什么呢？大体上讲，主要是海贝、铜贝及桥形币。

1986年7月至8月，考古工作者在三星堆遗址的两个"祭祀坑"中，除发现大量的青铜器、玉器及金器外，还发现4 724枚海贝；在

2020—2022年的新一轮发掘时，也出土不少海贝（尚未计数）。这些海贝可分为四种类别：A、齿贝，即紫贝，出土较多，其壳口纵裂多齿。齿贝长1.5厘米左右，略呈卵圆形，背部上方略高，一般都被磨成一大孔，正面和背面的四周有紫红色、黄褐色及灰绿色斑点。B、环纹贝，是出土最多的一种，长约1厘米左右，其背部环纹内外分别呈淡褐色或淡灰色及灰褐色或灰白色。这种环纹贝数量较多，大部分背部磨成大孔，以致有的背面成扁平状。C、虎斑贝，长约3厘米，背部有大小不同的棕褐色斑点，这种贝出土较少。研究者认为，它是虞夏之世流通的自然贝。D、拟枣贝，两侧没有结节，体形较长，呈枣状。这种贝出土比环纹贝、齿贝少，但比虎斑贝多。

同世界上许多国家一样，中国最早的货币也是海贝，其使用单位为"朋"。"朋"的甲骨文写法是一根绳子把贝贯串起来的形象。一朋有几个贝呢？目前尚无定论。有人说是五个，有人说是双数，而郭沫若先生则认为"朋必十贝"。

一朋贝能买多少东西呢？限于史料，今已无从查考。不过，从好些铸于铜鼎上的铭文看，历来的商周天子赏赐有功大臣，都没有超过十朋。在周代的遽伯睘簋铭文中，记述铸造这尊彝器的造价是"用贝十朋又四朋"。从这些史料看来，一朋贝的价值是相当可观的。

1953年，安阳大司空村商代墓葬及车马坑、灰坑出土有数量不同、大小不一的海贝，其发掘报告说："在发掘的165座殷墓中，出贝的有83座墓，共得贝234件。它们放置的位置，绝大部分是在人骨架的口中、手内和脚下三处，分散在他处的很少……这些贝都是天然的，仅在背上的一端琢孔一个。"此外，在车马坑中出土的贝"约有五十余枚（整体取回，未分开数），在舆中偏西"。

1976年，河南安阳殷墟妇好墓出土有小型贝6 880多枚，大型贝1枚，玉贝8枚。其中小型贝多是齿贝。若以十贝为朋来计算，这批贝币近700朋，在当时无疑是一笔巨大的财富。

从中原出土的海贝看，殷商多以齿贝作为货币流通（环纹贝和拟枣贝次之），所以齿贝在钱币学上的学名即叫"货贝"。齿贝中的佼佼者——大贝，被视为稀世之宝。据《尚书大传》卷四《西伯勘耆》记，当年商纣王曾把周文王囚禁在羑里达7年之久。后来，周文王的僚属散宜生，把他从东南沿海一带寻获的一个大贝壳，献给了商纣王。纣王一高兴就立时把周文王放了出来。20世纪60年代末至70年代中，考古工作者在安阳小屯西区商墓出土大贝8枚，贝长6～8厘米。大贝由于稀少而珍贵，所以前述1976年殷墟妇好墓中那枚大贝，出土前并没有和小型贝放置一处，而是以"珍宝"身份被殉在墓中。

河南以外，1966年，在山东省益都县苏埠屯商代晚期墓中，也出土殉贝达3 990枚，加上破损，可能所殉贝数为400朋。其均属小型贝，也是以货贝最多，拟枣贝和环纹贝次之。

对于中原海贝的来历，按郭沫若的认知，乃系三四千年前的"舶来品"，证据之一是："现在的南洋土人还称贝子为'Bia'，这和我国汉语的'呗'，音相近。"钱币史研究者认为，商代中原所用齿贝，产于中国南部沿海地域，由我国南部少数民族以及邻近的越南等地，向我国当时的中央王朝纳贡或进行交易时流入。

大宗海贝在云南江川、晋宁等地的春秋晚期至西汉末的墓葬中也有出土。据云南省博物馆核实，总数为 1 200 多千克，计有 25 万枚左右，其品种以"环贝"为主，还有齿贝、虎斑贝。钱币史研究者认为，它们产于旧称"南洋"，即印度洋—西太平洋的广阔海域（包括我国台湾、海南岛、西沙群岛等海域）。其中环贝主要由印度、巴基斯坦、缅甸等国商人输入。

三星堆出土海贝亦达四五千枚，可以与中原的任何一处商代遗址媲美。而就品种来说，则基本包容了商代中原各地以及春秋至西汉云南各地的用贝品种。三星堆虽处内陆盆地，但在商代与中原有东北商道相通，与云南以远有西南商道相连。因而三星堆海贝极有可能是通过这两条商道，由包括台湾、海南岛、南沙群岛在内的西太平洋及印度洋沿海地区引入的；或者可以说，上述地区客商是通过这两条商道进入蜀国的政治经济文化中心——三星堆行商的。他们带来了作为商品与货币的海贝，并影响促成了三星堆古蜀人也用海贝作为商品的价值尺度和流通手段，即货币。

另外，据三星堆遗址一、二号"祭祀坑"发掘简报报道，两个坑的大量海贝出土前是同玉石器等一道贮藏在尊、罍等青铜容器以及青铜人像头部的。三星堆其他坑所出海贝也是这些情况。由此，我们又联想到云南江川、晋宁出土的海贝，据报道，它们大多出土于古代滇王、滇王家族以及"同姓相扶"的部落主人的墓葬里。贝放置的位置既不是放在人体的某个部位，也不是装饰在服装上，而是将贝装在青铜贮贝器内或倒置在铜鼓里，埋在木棺之外的土中。

商品经济学的常识告诉我们,贮藏手段是货币的职能之一。由于货币是一般等价物,是社会财富的一般代表,随时可变成任何其他商品,因而人们贮藏货币的欲望是无限的。而执行贮藏手段职能者必须是足值的现实货币或其代表。笔者认为,殷商时期古蜀国的海贝,由于是东去西来的各族、各国、各地区商人千里迢迢或万里迢迢地从太平洋、印度洋辗转而来,弥足珍贵,加之光彩夺目,体积小,轻便而坚硬和便于计数,因此,在三星堆城的商品贸易活动中,人们很自然地就将它固定为充当一般等价物的特殊商品——货币,以代替以前可能出现过的以牲畜、布帛、丝绸等充当的货币。与此同时,为了显示财富和积累财富,贪婪而富有的奴隶主贵族王公们又将通过交易或流通进入自己腰包的海贝贮藏起来,使海贝暂时退出流通领域而成为贮藏货币。所以,海贝才会同其他象征财富的玉器等一道被精心放置于做工考究的青铜容器,如六鸟三牛尊、三鸟三羊尊一类的盛酒器里。如果这些青铜容器是用于祭祀目的,那么这些海贝则可视作为向天地祖先神灵的一种献祭——以示祭祀者的虔诚。而海贝大批量出土的两个"祭祀坑"的主人,不用说,显然是三星堆蜀国的最上层统治阶级。这与春秋至西汉时期的云南江川、晋宁等地区的海贝从滇王及其家族墓中所出土的道理一样。

　　顺便指出的是,三星堆古蜀国统治阶级对财富的追求意识或言货币意识是很强的,所以,张善熙先生等相关研究者认为,三星堆二号坑出土的青铜神树,又可视作古蜀王族心目中的摇钱树,甚至有可能是我国东汉、魏、晋及其后各代盛行的"摇钱树"的最早模式。

当然,对于滇王墓中所出土的海贝的性质,即货币乎?装饰品乎?抑或"一种财富的标志"乎?——至今未有定论。但是,可以肯定地说,三星堆两个坑中那些被精心贮藏的海贝,应当是从流通领域里退出的贮藏货币。其最具说服力的证据,便是"大部分背部被磨成大孔,以致有的背面成扁平状"。我们认为,"背面成扁平状"既有可能是磨孔过度引起,亦有可能是流通过程中的叠放、磨损引起;而海贝磨孔的本身,则利于穿线作"朋",流通计价。诚如钱币史专家朱活先生所识:"我国内地的贝有穿孔,是为了用绳索穿连起来便于随身携带和便于计数,说明了商品交换和货币流通的频繁。"背部磨出穿孔,说明"已取得了货币形态"。商周时期中原各地出土的海贝,背部也多磨有穿孔。商周时期三星堆与中原贝币的这种一致性,再一次地说明了两地间密切的商品贸易与经济文化交往的真实性,说明了从成都平原北上经金牛道—褒斜道—汉水—渭水—黄河而流入中原的那条东北商道在三四千年前即已开辟的可靠性。

不过三星堆这些大多磨有穿孔的海贝,亦有可能同时用于装饰目的。而这,则与作为贝币不相悖。因为海贝最初之所以被人们引入市场进行流通,首先在于它有着一般商品的自然属性,即因为它晶莹、珍稀,佩戴于头上、身上,如同珍珠玛瑙水晶玉器一样,既可增加主人的美观、风度,又可显示主人的富有。后来,人们才逐渐认识到,它也可以用来交换一切商品,直接体现社会劳动,可作为财富的一般代表——货币。所以,如果说殷商时期三星堆古蜀国或中原各地的奴隶主贵族们将作为货币的海贝佩戴于身,大致是不会错的。这如同当今人们的穿金戴银。然而大家也一定会知道,现代金银的使用价值是二重化的:它既可作为奢侈品、装饰品使用,又可充当"世界货币"的职能。所以我们大可不必因为三星堆海贝有可能用作装饰目的而怀疑它应当拥有的货币职能。

世界金属铸币之祖——三星堆铜贝

三星堆铜贝

钱币史的常识告诉我们,在中国,最早的金属铸币为铜贝。最初,人们将海贝作为固定地充当一般等价物的特殊商品——货币。后来,随着商品生产的发展、交换的扩大,海贝已渐不敷用,人们遂以其仿制品混合流通,于是在夏商时代也出现过珧贝、蚌制贝、骨贝、石贝、陶贝、玉贝(金沙遗址有出土)以及同海贝一样同样取得了"货币形态"的伶鼬榧螺。再以后,人们又仿海贝形态铸造铜贝,并使之进入流通领域。不过,对于铜贝,过去一般认为是战国时期才出现于楚国的,即俗称的"鬼脸钱""蚁鼻钱"。权威的《中国大百科全书·考古学》在"中国古代钱币"条下则判定说,"中国的金属铸币出现于春秋末期",即晋和周使用的空首布。但是,朱活先生根据1953年和1971年曾在河南安阳大司空村与山西保德林遮峪村晚商墓中出土过无文铜贝的事实而提出"晚商铜贝说",并指出安阳与保德铜贝才是中国最早的金属币。

那么,作为与殷商中原文明同样辉煌的以三星堆文明为代表的古蜀文明又有无铜贝呢？回答是肯定的。1992年，笔者曾同段渝先生一道，于三星堆遗址考古发掘工作站所陈列的一、二号"祭祀坑"出土文物中，看见一批青铜铸制的仿海洋生物；其中，有三枚模拟齿贝形态，即背部有壳口、纵裂有齿，当为铜贝。不过，这三枚铜贝一端都有铜环，铜环相连，三枚成套。据赵殿增先生与巴家云先生揣测，是青铜神树上的挂饰物。于是便出现了一个问题：三星堆铜贝是否有可能像中原铜贝一样，亦具有钱币或金属币的职能呢？笔者以为是有可能的。这正如三星堆海贝（包括中原及云南出土海贝）可能用作装饰目的而并不妨碍可能拥有的货币职能一样。再者，倘顺着某些研究者关于三星堆青铜神树乃系"摇钱树"的思路，我们亦可以想见：那时在三星堆建都立国的古蜀王族，大致是将海贝及铜贝缀满青铜神树，用以祭祀神灵祖宗，祈祷兴旺发财、国富民强吧？

关于三星堆遗址两个"祭祀坑"的发掘简报将两个坑的相对年代推判在殷墟文化第一期与殷墟文化晚期，即相当于商代中期偏后（盘庚—小辛—小乙时代）与商末周初时期（帝乙—帝辛与武王—成王时代）；从时间上说，这应分属于公元前13世纪和公元前11世纪。《三星堆祭祀坑》[1]一书公布三星堆铜贝发现于二号坑。2023年11月，考古工作者在公布三～六号坑的碳十四测年数据时指出，由于八号坑发现的顶尊蛇身青铜人像与1986年于二号坑发现的鸟足青铜人像的拼接成功，故而二号坑的埋藏时间与八号坑的时间是一致的，而公布的八号坑的测年数据在公元前1117年至前1054年之间。这其实就可以说，

1　文物出版社1999年版。

三星堆铜贝在考古文化的时间上，与中原已知的晚商铜贝相当。它们如果当真是货币，那么，传统的"中国的金属铸币出现于春秋末期"说将不攻自破。这是三星堆文明璀璨夺目、不同凡响，堪与殷商文化媲美的又一所在！

　　三星堆铜贝与中原铜贝彼此间有无渊源关系或传承关系呢？或许是有的，因为其时是有一条商品贸易与经济文化的陆上通道将中华文明的这两处摇篮或源头联系在一起的。从宏观上看，它们之间的互助互补、相互影响、相互辉映，已被证明是客观存在的事实。不过，话又说回来，在具体问题、具体事物上，两个文明又有可能在各自的地域内独立发生，或各自通过不同的渠道，在其他文明的影响下发生。落实在铜贝问题上，中原铜贝又有可能在自身青铜文化与商品贸易高度发达的基础上独自发生；而三星堆铜贝则更当如此。因为其铜贝的出现在时间上大约与中原持平或稍早，而青铜文化与商品贸易的发达程度亦不亚于中原——在这种情况下，作为金属铸币的铜贝的出现，当是可能的了。这正如恩格斯所言：随着年轻的商人阶级的形成，"*出现了金属货币即铸币，随着金属货币就出现了非生产者统治生产者及其生产的新手段*"（《家庭、私有制和国家的起源》）。因此，仅就铜贝问题而言，三星堆文明亦有可能是独立发生、发展的，未受中原殷商文明的影响。再说中原铜贝一般长1.5～2.5厘米，而三星堆铜贝则长6.3厘米，仅凭个头就比中原的大，比中原的有气势。这种粗犷、豪放的风格，与三星堆面具、三星堆玉石璧璋是一致的，说明三星堆铜贝完全是古蜀国自己的发明、自己的产品。

此外，三星堆文明有无可能受到域外其他文明的影响而铸制铜贝或引进铜贝呢？单就迄今为止所公布的考古材料而言，这并不可能。因为尽管殷商时期的三星堆文明通过西南商路与印度河文明、两河文明、爱琴海文明以及小亚细亚赫梯文明建立了通商往来，而上述文明又都早于三星堆文明进入青铜时代，可是它们却并未早于三星堆文明而使用金属铸币。国外最早的金属货币是被誉为"西方金属铸币之祖"的小亚细亚的吕底亚（Lydia）金属币，是公元前7世纪中叶开始发行的。该币在西方钱币史上属古典（指古希腊罗马）钱币系列，称古典时代希腊币。

吕底亚琥珀金币

第四章：食货之作

吕底亚王国（公元前670年或公元前680年—公元前546年）是古希腊移民在小亚细亚半岛（今属土耳其）西部创立的一个奴隶制国家，后被波斯王国居鲁士攻灭。当时在吕底亚首都萨迪斯地区帕克妥鲁斯河中采集自然金银矿粒（金银的比例大约为3∶1），加以直接打压，形成琥珀金（Electrum）币。因此时尚未掌握金银分离技术，早期的吕底亚金属币其实是一种天然金银合金币（吕底亚王国晚期才出现纯金币和纯银币），而且也没有采用通常意义上的熔化浇铸工艺。这与商代三星堆铜贝、中原铜贝的制作工艺大不一样。金银合金币因为色泽呈现出近似于琥珀的褐黄色或淡黄色，故称琥珀金币。对琥珀金币最早的发行时间，西方学者一般推断在公元前670年（或前680年）至前650年（前后）之间，以"公元前650年前后"一说居多。但1983年土耳其国家银行为纪念最早的吕底亚币而发行500里拉纪念币时，将吕底亚币开始发行的时间定在公元前640年。彭信威先生曾在《中国货币史》(1965年版) 里认为，最早的吕底亚币是公元前7—前8世纪时发行的；新版《辞海》对此则称："据说公元前七世纪……"综合上述观点，将吕底亚琥珀金币发行的最早时间段定在公元前7世纪中叶较为妥当。这样，三星堆二号坑（时间约在公元前11世纪）出土的四枚有环铜贝（与中原晚商铜贝大致同时）在考古时间上就比作为"西方金属铸币之祖"的吕底亚琥珀金币要早上三四百年。

这实际意味着：三星堆铜贝与晚商中原铜贝一道，极有可能就是世界金属铸币之祖。

徙治成都后的桥形币

《华阳国志·蜀志》说：古蜀国开明帝九世"始立宗庙，以酒曰醴，乐曰荆，人尚赤，帝称王。时蜀有五丁力士，能移山，举万钧。每王薨，辄立大石，长三丈，重千钧，为墓志……但以五色为主，故其庙称青、赤、黑、黄、白帝也。开明王自梦廓移，乃徙治成都。"如前所述，九世开明帝时代大致在公元前400年前后。古蜀国从三星堆文明时期下限（约在商末周初之际）至九世开明帝时期之前的这一阶段，其相关货币资料无所见，亦难以考。但从九世开明帝时期直至秦统一全国（公元前221年）前，古蜀国乃至古巴国等使用的货币则确乎可考，这就是不少研究者所指出的巴蜀桥形币。

桥形币为青铜制，形如磬或璜[1]，因此也有称之为铜璜者。目前在川渝发现的桥形铜币，仅见于正式发掘简报的，已有20余批资料；分布地区，东至古巴国的涪陵，西至古蜀国的茂县，北至古蜀国的青川，南限川西平原，而以川西平原最为集中。其形制有大、中、小型，分别长20厘米左右、10厘米左右和6～7厘米，可能代表不同的货币单位。其纹饰则有双线斜人字纹、"S"纹、弦纹、卷云纹、穗纹等，有的则为素面。这些纹饰具有一个最大的特点，就是不同于巴蜀青铜器上常见的所谓"巴蜀符号"以及"巴蜀符号印章"，民俗色彩较淡。罗开玉先生认为："这似乎反映了它的官铸性质。"他指出，开明九

1　状如空心圆璧的一半。

世时期，古蜀国曾掀起过一场学习列国主要是中原各国的先进文化的高潮。这些纹饰各异的桥形币，可能是古蜀当局聘请列国技师入蜀设计铸造的，有意识地与巴蜀过去一以贯之的装饰风格作重大区别。当然，纹饰的不同，或许也跟巴蜀各地诸侯可以独立铸币以及铸行的时期不同有关。

桥形币
1～3 青川战国墓 M36
4～5 青川战国墓 M34
6 彭县战国中期墓
7 重庆冬笋坝战国中期墓
8 涪陵小田溪战国晚期墓
9 荥经战国晚期墓
10～11 大邑秦汉墓
12 绵竹西汉墓
13～15 成都东北郊西汉墓
16～17 绵竹文管所藏

按照罗开玉先生的推论，巴蜀桥形币其最早铸造年代，也是在开明九世时期。因为在所有的桥形币出土实物中，以成都彭县（今彭州市）的一具船棺所出年代最早，为战国中期。"从该墓的葬具特征和伴出物看，可进一步把该墓入葬时代定在公元前 400 年以后，至公元前 350 年左右。"这实际是处于开明九世时期。此外，在巴县（今重庆巴南区）冬笋坝编号为 M4 及 M41 的船棺里所出的桥形币，在时间上也接近于成都彭县（今彭州市）船棺所出。这似可作为战国中期蜀国与巴国的紧密联系的一个有力佐证。

在当时的巴蜀大地，比彭县（今彭州市）及巴县冬笋坝船棺稍晚，在昭化（今属广元市）宝轮院、绵竹木板墓、涪陵土坑墓、茂县城关石棺葬以及青川墓葬群和绵阳市土坑木椁墓，皆有桥形币出土，其族属包括巴蜀地土著民族和楚移民。[1] 其时间则一直可延至西汉初期，如绵阳土坑木椁墓所出桥形币。有的晚期桥形币中，常同外圆内方的"半两"钱同时出土，而且两种货币甚至有叠放在一起的情形。所以，罗开玉先生认为：桥形铜币在巴蜀王国时期，是货币；在秦灭巴、蜀（公元前 316 年）后的一段相当长的时间内，也是货币之一；在秦统六国后，即在统一全国货币时，桥形币才被废除；此后它在巴蜀地区一度作为一种"阴钱"或"厌胜钱"，一直流行到西汉。

我们还应该看到，战国中期，即开明九世徙治成都以后的巴蜀地，也曾像中原一样（或受秦国影响）以黄金作为贮藏手段的货币，并且

1　这说明桥形币在四川境内商品贸易中具有极其重要的地位，拥有十分广泛的影响。

因为川西多产金、银[1]，且大量储备金、银，使秦国垂涎三尺。《括地志》《华阳国志·蜀志》里关于秦惠文王赠金与蜀，诈后者开金牛道（石牛道）以及《蜀志》里司马错、田真黄对惠文王的那段关于攻蜀可"得其布帛金银，足给军用"的议论，似可为证。另外，战国时期蜀墓葬中也常有金块出土，这当是以黄金充作贮藏手段的实证。

1　据《诸葛亮集》《元和郡县志》等记，四川岷江、沱江、涪江、金沙江、雅砻江、大渡河皆产金、银沙，汉、晋间今雅安地区的"汉嘉金"与云南"朱提银"并称，唐代雅、嘉、眉、资、泸等州均贡麸金。

大石璧的两种用途：货币和权衡器

除黄金外，有的学者还提出，20世纪20年代末至30年代初在广汉月亮湾出土的那具外径70.5厘米，重达百斤以上的大石璧，也是古蜀人的一种货币。此说反映在郑德坤先生的《四川古代文化史·广汉文化》里，他认为大石璧是古代的一种货币，并以此与太平洋上叶玻岛巨大的石璧状货币相比较；而戴谦和先生则认为其与后代的环钱有关。

以大石璧作货币，在世界的一些民族学资料中曾有所见。殷商时期的古蜀人，已经拥有了海贝及铜贝作货币，大致是不会再以大石璧作为商品交易的一般等价物的。因为其太沉重，不能携带；而像太平洋叶玻岛或雅普岛居民那样陈列于家门，又似不可能。一则处于文明社会的古蜀人大致无此异域原始部落的风俗；二则如此进行商品贸易，似乎难以促进古蜀文明社会的经济繁荣。

不过，对于广汉遗址内发现的大石璧的实际功用，一些学者则提出衡权说[1]。此论以张勋燎、冯汉骥、童恩正先生为代表。

我国衡器产生得很早，《尚书·尧典》记尧时代即有"同律度量衡"之说。大致说来，衡器应该是新石器时代晚期，伴随着私有制的出现而出现的。《汉书·律历志》说："衡权者：衡，平也；权，重也。衡所以任权而均物平轻重也。"《礼记·月令》则讲："同度量，

1　衡权是指权衡器或称衡器，即天平或砝码。

钧衡石。"《淮南子·时则训》也说:"令官市同度量,钧衡石。"这些都是说以石为衡权。《汉书·律历志》记权的种类言:"权者,铢、两、斤、钧、石也,所以称物平施,知轻重也……一龠容千二百黍,重十二铢,两之为两。二十四铢为两。十六两为斤。三十斤为钧。四钧为石。"

  三星堆文明时期,由于尚不知杠杆原理,没有发明秤,所以不论被衡(即称)的物品有多重,权石的重量都必须和它相等,这就是所谓"权与物均而生衡"。从《汉书·律历志》看,权石的种类有铢、两、斤、钧、石,一石的重量达 120 斤,这与广汉月亮湾出土大石璧接近。联系到月亮湾出土玉石璧也形成从小到大的组合系列,所以,冯汉骥、童恩正先生认为,广汉月亮湾大石璧应是权衡之石。冯、童两位先生进而提出,"从新石器时代到殷周某些遗址和墓葬中出土的石璧,有可能就是这种衡石"。

  总的来说,关于广汉玉石璧衡权说的认识是含有合理成分的。因为迄今为止对三星堆古遗址的发掘,尚未发现其他可以充当衡权的东西,故而暂且将衡权同玉石璧联系起来看,是应当允许的。此外,除了广汉遗址外,长期以来,在成都羊子山等地也发现大量的大小、厚薄、轻重有序的石璧。这样,我们便可以将上述石璧——衡权说放大到包括后来立都于成都的整个古蜀国的范畴内去思考了。

  从情理上讲,在上自商代,下迄春秋战国时期的时间跨度长达一千多年的历史范畴内,古蜀国是应当拥有充当一般等价物的货币以及能够"均物平轻重"的衡器的。否则,是不可能支撑起一个人丁兴旺、经济发达而使四海企羡、商旅纷至的发达的古蜀社会的,是不可能架构起一个堪与商周中原文明相颉颃的同样为国人骄傲、同样可以彪炳史册的举世瞩目的三星堆—成都文明的。

西南商道与蜀布之路

商品经济学的常识还告诉我们：任何社会的商人倘要完成商品贸易，必须具备三大手段，即商品、商路（包括运载手段）和特殊商品——货币。那么，商周时期以三星堆—成都为中心的巴蜀地区的主要商品有哪些呢？根据常璩《华阳国志》和其他相关典籍记载以及考古发掘资料，先秦时代的巴地用以进贡中央王朝及用以内部之间、内部与外部之间贸易往来的商品大致是盐、丹（即朱砂）、苎麻、铜、铁、璆（美玉）、银、砮（可作箭镞的石头，即铁矿石）、磬、熊罴（俗称人熊）、狐、狸、织皮（毛织的布）、鱼、茶、蜜、桑、蚕、灵龟、山鸡、白雉、荔枝、蒟酱（以胡椒科的辛蒟同盐、蜜渍为酱）、蒟蒻（今称魔芋）、给客橙（今四季柑）、巴戟（即巴戟天）、天椒（即花椒）、桃枝（即桃枝竹，可为杖）等。蜀地则以璧玉、金、银、珠、碧（青石，似玉）、铜、铁、铅、锡、赭、垩（白土，可用以涂壁）、锦、罽（毛织布）、氂（牦牛尾）、犀（犀牛角）、毦（用羽毛做成的装饰品）、毡、丹、黄（即雌黄、雄黄）、空青（一种用作颜料的矿物）、桑、蚕、漆、苎布、梓、柏、大竹等称奇而令四邻仰羡不止。

很显然，这些商品必须通过商路的转输交换才能实现其本身价值。而商周时期的巴蜀地区的商路，以成都平原为中心，辐射四面八方，但主要则表现为两个方向，即西南方向与东北方向。

商周之际成都平原西南方向的主要商道，经任乃强先生考订，被命名为"蜀布之路",也有学者认为它就是古"西南丝绸之路"或"南方丝绸之路"。根据任乃强先生的研究并结合笔者的考订,这条"蜀布之路"乃是一条经今天的四川、云南、缅甸、印度、巴基斯坦、阿富汗、伊朗、伊拉克、约旦、以色列直至埃及(或由伊拉克经叙利亚、土耳其直抵希腊)的商道,全长万余千米。

任乃强先生的殷周之际(公元前14世纪至公元前8世纪上半叶)"蜀布之路"说的西端乃订在阿富汗,笔者何以延长至两河流域直至古埃及呢?理由主要有二。

首先,不少论者已经指出,成都平原上的三星堆青铜文明中有不少西亚文明或者地中海—爱琴海文明的因素。这些因素,当是商代至周初时代远至两河流域及古埃及或古希腊的"蜀布之路"以及不畏艰险、辛劳跋涉于这条漫漫商路上的外域商人和古蜀商人所带来。

其次,奥地利研究人员从一具古埃及木乃伊(为女性,30岁至50岁)的头发中发现了一块丝绸。这块丝绸与木乃伊同属"二十一王朝"时期,即公元前1080年至公元前954年。(参见《光明日报》1993年3月21日)这一发现表明,殷周之际的古埃及已同当时世界唯一的丝绸出产地——中国有了贸易联系;更确切地说,是与古蜀国有了贸易联系。因为当时中原虽也能养蚕织丝,却连自给自足亦不能保,还需要靠与蜀国的大宗蚕丝贸易来解决贵族王室的穿衣问题(参见任乃强:《四川上古史新探》),大致不可能再有多余丝绸远销埃及。更重要的是,当时中原与西域的商道——"丝绸之路"尚未"凿空",埃及的中国丝绸只有通过"蜀布之路"的通道才能获取。

这条长达万余千米的"蜀布之路"大致可以分做三段：A、从四川到北缅甸一段，可以叫作东段，长1 500余千米；B、由北缅甸经印度、巴基斯坦到阿富汗，可以称作中段，约长3 500千米，C、由阿富汗西经伊朗、伊拉克、叙利亚、约旦、以色列直至埃及（或从伊拉克分岔，西北上叙利亚、土耳其直至希腊），这段最长，5 000余千米，可以唤作西段。

东段的路线大致如下：由成都平原出发，经荥经、汉源、越西、泸沽、西昌、攀枝花、下关、永平、澜沧江，经保山，渡怒江，经腾冲、神护关进入缅甸，直抵伊洛瓦底江畔的密支那。

中段自密支那循着伊洛瓦底江—迈立开江西侧浅丘陵地，渡江至孙布拉蚌，由此逾山地数重，约150千米，沿途多丛林密箐，多盗贼，少人居，构成印缅天然界线。入印度界即为阿萨密邦，是为东印度，属布拉马普特拉河（雅鲁藏布江下游）流域。这里地复平坦，首府萨地亚，车马舟船俱可通于中印度。再西行，至德里，渐入山地，是为北印度；再西行进入巴基斯坦，渡印度河，逾兴都库什山脉，即入阿富汗高原，到达汉代的大夏国了。

西段沿阿富汗赫尔曼德河进入伊朗，穿过卢特沙漠，翻越库赫鲁德山脉和扎格罗斯山脉，即进入伊拉克的美索不达米亚平原（即两河平原）；再上溯幼发拉底河入叙利亚，东南下沿约旦河经以色列和约旦进入埃及西奈半岛，再西行即抵尼罗河三角洲。亦可在进入叙利亚后继续沿幼发拉底河上行，进抵小亚细亚半岛及爱琴海诸岛甚或希腊。

"蜀布之路"上的西方各国、各民族用以与蜀各地交换的主要商品是荥经红铜、越西牦牛、西昌绵羊、丽江马、大理马、南亚象牙、印度洋海贝与其他山珍海宝以及奴隶。奴隶制文明高度发达的古蜀国都城（如三星堆城、成都城）及所辖地区，无疑需要大量的廉价奴隶来补充劳动力；而成都平原以西、以南地区奴隶制文明显然相对落后，有的甚或处于原始部落社会阶段。成都平原的奴隶势必只能向这些地区寻求、收购。三星堆遗址内发现的两个双手反绑下跪的石雕奴隶像（一个断头），显然是三星堆城通过"蜀布之路"向成都平原以西以南的落后蛮荒的部落或民族进行奴隶贩卖活动的实证。

古巴蜀特别是古蜀社会用以向外地、外域、外族交换的商品最具代表性和最大宗者当以丝绸和蜀布为主。扬雄《蜀都赋》说："筒中黄润，一端数金。"蜀中丝黄，所织之绢细润，所以称"黄润"。其长途贩运时卷成筒形，用产于岷江上游的大竹筒贮藏，以避雨湿尘污，故称"筒中黄润"。一筒有几端，众说不一；但一端为2丈或6丈，认识却比较一致。而一端价值却当数金，确是令人咋舌——这还是距离三星堆文明千年以后的西汉丝价。所以，蜀中丝绸大致因价格昂贵，只有印度以远地域（包括印度河文明、两河文明、尼罗河文明、爱琴海文明中心地域）的奴隶主贵族才有实力购买，并成为他们显示财富的标志之一。蜀布（麻布）则相对低廉些，由于"色最白，不畏水湿，汗渍不污，疏能散热"，因而特别受到处于高度湿热气候环境里的印缅境内以及四川盆地以南、云贵高原的河谷宜农之地的奴隶主的欢迎。

"蜀布之路"万里迢迢，其间高原雪山耸立，急流险滩密布，悬崖河谷纵横。常年奔波于此，携带大宗货物的中外客商何以代步？何以负重？何以过渡？笔者以为，乃是牦牛、筜马、竹（皮）筏、溜筒等——起码东、中段应该如此。

顺便需要提及的是，先秦时期（主要是殷周时期）西南商道的开通，不仅开创了中西经济文化的大交流，而且也开创了中西人民的侨居大迁徙。印度人口调查统计表明，在今天的那加[1]兰邦，还有17 000名羌族人。考古学家们考证说："那加人属蒙古人种，远古时就从中国的西藏和缅甸的一些地区来到印度北部居住。"（参见刘国楠、王树英：《印度各邦历史文化》）与此相应，缅甸、印度人民也有在中国境内定居者。如《华阳国志·南中志》即记：东汉明帝永平十二年（公元69年），置永昌郡，"以蜀郡郑纯为太守。属县八，户六万，去洛六千九百里，宁州之极西南也。有闽濮、鸠獠、僄越（今缅甸）、裸濮、身毒（今印度半岛）之民"。永昌郡的这些缅甸人、印度人，当然不会是当时即移居于此的，想必亦是远古时通过西南商道的途径侨居于此的缅甸人、印度人的后裔。这里所谓远古时，是指商周之际的古蜀文明时期或稍后；因为在此之前，这两大地域的人民大致还互不知晓，而且经济文化的发展也尚未达到吸引彼此易地侨居的程度。

---

1 意即"龙的种人"

东北商道和千里栈道

商周之际，从成都平原出发的东北商路大致又分作两个方向，一为水路，即从沱江入长江东下抵三峡，是巫盐西来最畅便的一条商道，或称为"巫盐之路"。贩盐者为古蜀及巫载国盐商，运输者为"夏代从云梦盆地溯江进入四川盆地"的巴人，运输工具为独木舟。

东北商路另一条为旱路或水旱交替之路。这条路从四川盆地向北，穿越川陕交界处的米仓山而至汉中盆地、渭水平原、河南。其具体路线是从成都平原北上德阳、绵阳，过今梓潼五妇山，经剑门关、广元朝天驿，穿金牛峡，越川陕交界之七盘关，进入陕西宁强、勉县，再经褒城，入褒水（南注汉水）之褒谷，翻越巍巍秦岭，由斜水（北注渭水）之斜谷而出，抵达渭水南岸的眉县，再沿渭水东下，入黄河，进入河南大地。这条商路，是古蜀文明与殷商文明发生对接、交流的主要干线。这条干线的渭水以南部分，即后来所说的金（石）牛道和褒斜道。关于金（石）牛道的修建经过，《华阳国志·蜀志》记载了这么一个故事：

周显王的时候，蜀国的北部疆域远达褒中、汉中地区。一天，蜀王在褒谷狩猎，恰与秦惠文王相遇。为表示友邻相好，秦王将一竹箱金子送给蜀王，蜀王也回赠一批上等珠宝珍玩。不料当蜀王刚转身返回时，秦王手中的这批珍宝顷刻化作泥土。秦王气坏了，以为蜀王耍弄他,急欲追赶蜀王理论,却被群臣挡住了。大家都向秦王道贺,说这是上天降临的旨意,预示秦王将得到蜀国的土地。秦王明白过来,转怒为喜。他叫人雕制了五头石牛,每天在石牛屁股后面摆上一堆金子,放出话说,石牛是金牛,天天都要拉出一堆黄金来。贪财的蜀王听说了,又急忙派人到秦国去,请求秦王再赠予这批金牛。秦王爽快地答应了。蜀王于是派出五丁力士在乱山丛中开出一条入秦之路,将五头金牛千里迢迢地迎了回来。哪知这金牛并不便金,供了许多日子,仍是不声不响,不吃不屙的货真价实的石牛。蜀王气得七窍生烟,将石牛又奉还给秦王,并附带奉敬一句话以解恨:"东方放牛儿。"秦王哈哈大笑道:"我虽是放牛儿,却是要灭亡你们蜀国的人呢!"20年后,秦惠文王果然派出大夫张仪、司马错、都尉墨等沿着蜀五丁力士开出的石牛道(又称金牛道)入蜀,仅用了一两个月时间,就灭掉了蜀国和巴国。

这段亦庄亦谐的历史故事,把蜀地与中原交通的时间上限,订在周显王与秦惠文王共存时代(公元前337年—公元前321年),显然是大大缩后了。因为:第一,《华阳国志·序志》又曾引《蜀王本纪》说:"三皇乘祇车出谷口。"这谷口,就是褒斜谷口。《序志》进而指出说,当年蜀国派兵帮助武王伐纣,就是从这谷口出入的。"此谷道之通久矣。而说者以为蜀王因石牛始通,不然也。"这里,常璩其实已自己否定了他在《蜀志》里所讲的秦惠文王时开金牛道的时间,并将之提前到武王伐纣(公元前11世纪)以前的时期。当然,"三皇"

是古史传说中的人物，或曰子虚乌有人物；但是，武王伐纣时蜀既已能利用金牛道—褒斜谷道东北入中原，那么，此干道开辟的时间当早于晚商才讲得过去。

第二，《尚书·禹贡》讲梁州之贡称："西倾[1]因桓是来，浮于潜，逾于沔，入于渭，乱于河。"这说明早在夏禹之世，汉水（即沔水）与渭水之间便有相互联系的通道，即后来所称的褒斜道。甘肃南部岷县有西倾山，西倾山南有白龙江，其古称即桓水。其发源于西倾山南，屈曲东南流至甘肃舟曲东与岷江上游会合，又东南至文县东与白水江会合，东南流入嘉陵江。其与岷江上游合流后的一段白龙江、与白水会合后的一段白水，古时也兼称桓水。这是过去对"西倾山"和"桓水"的一般认识。

任乃强先生则依据《禹贡》《孔传》的相关资料及《汉书·地理志》班固对"蜀郡"的注："《禹贡》桓水出蜀山西南，行羌中，入南海"，提出西倾山应为今天的巴颜喀拉山，桓水应为今大金川—大渡河，《禹贡》中的古梁州（华山之南至澜沧江或怒江、金沙江的广大地域）向中原夏王朝的进贡部落当为巴颜喀拉山脉以南大金川流域（相当于今川西高原马尔康以北以西的阿坝、壤塘、色达三县地面）的游牧部落。

任乃强先生在《四川上古史新探》一书里谈及这些部落，说："是从古就出产羊皮与黄金的羌支部落。他们中有善于经商的人，搬运自然金块（镠）与连毛羊皮（织皮）和一些野兽（熊、羆、狐、狸）的毛皮，从大渡河谷到巴蜀地面来，调换丝帛、麻布和金属工艺品回本

---

[1] 《孔安国尚书传》："山名。桓水自西倾山南行。"

部去，又可调换更多的土产商品。巴蜀的商人又把这些商品连本地的土产，贩运到华夏地区去调换商品。"邓少琴先生则依照传统看法，指出夏代梁州之贡是由川西北出甘肃岷县西倾山沿桓水而下至葭萌（即古昭化县，在今四川广元西南）而入潜水（嘉陵江），再北上经沔水（今汉水），溯褒水而入渭水，循渭水而下而乱于河。"所谓入者，人入其间也；所谓乱者，绝河而渡者也。此为古代（指夏殷周之世）由梁州以往雍州之交通路线，进而可达中原豫州之域。虽有翻山越涧之劳，但仍重视水利之轻便，少费人力之搬运也。"（《巴蜀史迹探索》）

邓先生的考证也意在说明夏殷周之世蜀地与中原是有着一条交通路线相通的；尽管这条路线与笔者前面所勾画的古蜀国与殷商的东北商道的中段有所不同。

其实，不少先秦史、巴蜀史研究者根据甲骨卜辞和《竹书纪年》的记载，都曾指出，商代中原王朝与蜀国的信使往来、馈赠和征战不绝，其联系通道，大体也应与前面所描述的先秦四川东北商道相一致。而且，按照交通史常识，地区间的交通往来，一般是建立在民间通商的基础之上的。地区之间本无所谓有路，有交通；往来异地易货的人多了，也便有了路，有了商路，有了交通。《禹贡》所记蜀地进贡之路，当是民间通商之路，也就是先后于三星堆和成都等地建都的古蜀国沟通中原地区的一条古商道。

在成都平原与中原之间的往来商道上，可谓崇山峻岭，崎岖坎坷。当时的人们是如何载货运物的呢？林向先生已在《蜀盾考》一文中指出，尽管褒斜谷道确实为古代蜀地与夏商交通的孔道，但不会有车马；三星堆所出土"轮形器"亦不能证明成都平原与中原之间的交通或运输工具是车马。

修复后的广元栈道

笔者认为，林向先生所论极是。因为《华阳国志·蜀志》里那段蜀王命五丁力士去武都担土为亡妃造坟（今成都北较场内武担山，相传就是蜀王妃冢）的记载，其实也说明当时蜀道上人搬货运物还是比较原始的肩担背荷，并无车具可资，亦不像西南商道上可借助牛马运输。这是因为横亘于川陕交通要道上的米仓山、秦岭，特别是秦岭，与西南山地迥然不同。它们的海拔虽不及西南山地，但其突兀陡峭崎岖险峻之程度，却大大有过之而无不及。因而川陕边界的雄峰险关，自古以来便是迁客骚人叹奇唱绝的主题。

也正是由于川陕路上雄峰耸立，险关重重，路狭坡陡，因而才会涌现出闻名世界的千里栈道，用以涉险化凶。可是，栈道起源于何时，却是各执一端。论者多认为是战国时期，以为战国时期才开始出现铁工具，而"从栈道工程看，没有铁工具是难以施行的"。因而，栈道至少当起于商周之际；换句话说，先秦时期四川的东北商道上的主干部分（即秦汉所称金牛道、褒斜道）当以栈道架构交通。其理由有三：

第一，商周之际古蜀国已使用了铁，因而可能有铁工具用以开凿栈道。首先，《禹贡》记梁州："厥贡璆、铁、银、镂、砮、磬。"《华阳国志·蜀志》记台登县（今冕宁县及喜德县的北半部）："山有砮石，火烧成铁，刚利，《禹贡》'厥赋'砮是也。"砮即铁矿石。《禹贡》成书的年代，说法虽然不一，但此处记的是战国以前的史实，却大致是没有问题的。

何况，梁州之铁已被应用于三星堆青铜器的冶铸中。据四川文物修复技术人员对三星堆遗址二号坑出土的一件青铜罍下腹部进行电子探针成分分析,其含铁量占基体总成分的1.15%。既有铁矿,又有冶铁技术.想必冶铁工具当是没有问题的。再者,即使商周之际古蜀人不能冶铸铁工具,它也可能通过东北商道和西南商道传入。过去传统的说法讲,中原乃至中国的铁器最早是于春秋战国之际出现的,但当代考古发掘资料却称:河北藁城台西商代中期遗址出土有陨铁刃铜钺,北京平谷刘家河商代晚期墓也有同样出土;并且藁城还出土过商代铁刀。它们说明远在商代,中国已经知道冶炼铸造铁器的技术了。黄河流域的铁、铜合铸技术或铁器铸造技术,很有可能通过东北商道进入古蜀国。此外,前已有述,西南商道的西段从伊拉克分岔的西北支路延伸到土耳其境内。而位于土耳其基齐尔—伊尔马克河流域的赫梯王国,公元前14世纪就开始使用铁器并因此发展成领有小亚细亚大部分及幼发拉底河上游地区的军事强国。公元前13世纪,随着与埃及争夺叙利亚的卡迭石大战失利,双方和约的签订(约公元前1296年或公元前1280年),赫梯王国的分裂、衰落,冶铁术和铁器随之向西传至希腊,向东传至叙利亚、以色列地区。因此,古蜀国也有可能通过这条商路获得铁器冶铸术或铁工具。

第二,即使没有铁工具,一样可以开凿栈道,这便是古蜀人传统的"积薪烧岩"法。根据《华阳国志·蜀志》"僰道有故蜀王兵兰……"的记载和旧时民间开山技术,古蜀国的"积薪烧岩"法,乃是采用大量木柴焚烧岩石,使之发红,然后突然浇以冷水,使岩体在高温膨胀的情况下骤然遇冷而收缩,产生爆裂。有关调查资料表明,直至明清时代,还在使用这种方法。倘参以草木灰浸泡的水或以醋代水浇岩,

第四章：食货之作 219

则效果更好。

第三，《战国策·秦策三》记战国时往关中有"栈道千里，通于蜀汉"；《史记·货殖列传》亦说西汉初年更是"栈道千里，无所不通"。诚如袁庭栋先生所识：栈道"要达到如此发达的境地，没有千年左右的艰苦开创与精心维护，是不可能的。因此，如果说巴蜀地区的栈道开创于三千年前，并不为过"（《巴蜀文化》）。

古蜀东北商道上的栈道，据典籍记载以及对明清时代的栈道残迹的考察，可推测为三种：

一为木栈，这是使用最广的栈道，主要是将木作用于石或土所成，一般应由栈、阁、栏、道、桥五部分组成。栈：这是主体结构，就是在悬崖峭壁之上先凿孔，如距谷底高，就凿两排石孔，上孔插入横木，下孔插入斜撑，横木称为梁，斜撑称为柱，梁上铺檩，檩面覆盖木板，整体形状为卩形。如果崖下为河谷，且距河谷不高，就凿一排石孔，插入横梁，下面直立木柱，梁上仍加檩板，整体形状为冂形。阁：是在栈上间隔一定距离架设一有顶棚有门窗的小屋，用于躲避风雨和歇息之用。栏：是在栈道的外边加上护栏，以利人马行走安全。道：指梁上的檩条与木板。这一部分最易损坏，须经常更换。桥：指遇见深涧或深沟之处，要架长檩，作成桥状。由以上五部分组成的栈道，为标准式栈道，民间又俗称偏桥、阁道、栈阁、栈桥。诸葛亮《与兄谨言赵云烧赤崖阁道书》所述"其阁梁一头入山腹，其一头立柱于水中"的栈道，就是这种标准式木栈。

二为石栈，民间又称蹁路，主要有三种构造。A、标准式：在崖壁上凿孔，孔中嵌入石条，石条之上覆盖木板，形状与木栈相近。
B、台阶式：在崖壁上开凿石梯，石梯两旁可以加设护栏或攀手。
C、凹槽式：在崖壁凿挖一条大的凹槽，道由凹槽中通过，这是石栈的原初形式。

三为土栈，即在腐叶朽木堆积的潮湿泥泞林带或沼泽地带，伐木铺路，木上杂以土石，用以筑成通道。此外，还可伐木为等高木桩，等距离地插入潮湿泥泞地或沼泽地中，其上铺以木板。从情理上讲，土栈更适合商周之际四川的西南商道，因为这条商道须经过热带、亚热带丛林地带。

一部人类社会发展史告诉我们：文明的进步与发展在很大程度上是由商人为纽带、为活力的商品交换、商品贸易所维系的。而商品贸易的发展、兴旺则离不开商路及运输手段的发展、兴旺，后者是前者的基础或前提；不过前者的发展与兴旺反过来又会推动后者的进一步发展与兴旺。二者相辅相成、共存共亡，共同构成刺激和牵制社会商品生产乃至于社会经济文化荣衰起伏的一组杠杆。换言之，如果没有比较发达的商品生产和商品贸易，如果没有一个四通八达的商路网络，如果没有一大批敢于走出盆地、走出国门的巴蜀商人的风尘仆仆、万里奔波，便不会有我们今天所知道的以青铜文明为主要标志的三星堆文明或古蜀文明以及古巴文明。当然，如果没有一个重视农耕，致力于生产实践且埋头苦干、坚忍不拔的文化传统，那么，上述一切亦不可能实现。

第五章：
匠心之构

玉石器里的琢磨技艺

农业、商业、手工业是三星堆文明—古蜀文明的三大经济支柱。但是，我们今天所知的三星堆文明—古蜀文明却主要是通过手工业表现出来的。可以说，手工业是三星堆文明—古蜀文明的一种物质凝结形态，今人首先且主要是通过它们（比如青铜器冶铸业与玉石器、陶器加工业）才得以窥视并进而了解、探索三四千年前的古蜀社会的面貌和内涵的。三星堆文明—古蜀文明的手工业（或进一步称手工艺）以冶金、治玉、制陶、纺织、髹漆、竹木加工为主要特色。其中八个坑出土的一千六七百件玉石礼器表现出古蜀工匠的杰出智慧和高超技术，令人感佩。

三星堆玉器大量使用一种质地细腻带有斑纹的岩石和另一种质地较软表面呈灰黑色的沉积岩为材料。据成都理工大学专家鉴定，其与通常所说的软玉、硬玉有一定区别。

软玉、硬玉之分是现代矿物学上对玉的质地的归纳[1]。软玉的主要成分是硅酸钙的纤维矿物，属于角闪石的一种，硬度为莫氏5～6度。角闪石的色泽接近于油脂的凝脂美，纯者白色，俗称羊脂玉，细腻温润，非常名贵；颜色还有青、绿、墨、黄等色或杂色。硬玉属于辉石的一种，硬度为6.75～7度。辉石类的主要成分是硅酸钠和硅酸铝，

1　首倡为法国矿物学家德莫尔于1863年对中国清朝乾隆年间的玉器所进行的物理化学实验。

质地坚硬,具有玻璃光泽,清澈晶莹;颜色有翠绿、苹果绿、雪花白以及娇嫩的淡紫色等,而以翠绿为佳,故又有翡翠之称。硬玉乃清代始从越南、缅甸等地输入;软玉则自古以来产自中国西部地区(以新疆和田玉为最优良),为历代王室贵族富豪乃至一般百姓所钟爱。据鉴定,距今3 300余年的殷墟武丁妇好墓中出土的玉器即软玉制成,而且大量采用新疆和田玉,仅经检验确认的就达300余件。只是在实际生活中,在直迄春秋—战国以前的包括三星堆文明时期在内的长达四五十万年里居住于我国南北广大地域的先民眼里,其实是玉石俱在,玉石不分的。除个别情形外,都是"就地取材"而来的玉,所以便不会尽皆角闪石玉。这些玉器,大量的是水晶、玉髓、玛瑙、透闪石、阳起石、蛇纹石等美石,当然也有角闪石。而按照许慎在《说文解字》里对玉的"五德"(即五个特性)的裁定,按照"首德次符"的判玉标准,上述美石大体都可划入"玉"的范畴——当然是广义上的玉了。所以,在鉴赏古玉时,我们不能只考虑现代矿物学上的界定,还应该具有历史的眼光,具有我国古人在长达数千年乃至数万年、数十万年里所形成的玉文化的传统眼光,从而去实事求是或因地制宜地认识、判别和审定玉器的材质与雕琢。庶几,对三星堆所出玉器或称玉石器,有许多尽管"与通常所说的软玉、硬玉有一定区别",但鉴于三星堆古蜀人在实践上(当然不会有理论上的认识)大致已运用了"首德次符"的标准,将它们置于无比圣洁或崇高的地位,因而还是应当视之为玉器的,尽管有些从表面看乃属于"带有斑纹的岩石"或"呈灰黑色的沉积岩",何况三星堆玉石器里也确实有用肉眼也不难识别的真玉（角闪石）呢！

《说文解字》玉之"五德"

三星堆玉料产地近者当在龙门山，远者则在玉垒山和岷山。《华阳国志·蜀志》佚文（据刘琳校注本）说："（绵虒道）有玉垒山，出璧玉，湔水所出。"汉晋绵虒县治在今汶川县，湔水即今白沙河。白沙河发源于今都江堰市与汶川县交界处的茶坪山。茶坪山因四时积雪，故曰玉垒山；或因山多美玉而名。玉垒山被白沙河、岷江拥挟迤逦南向，直趋都江堰市西北止。《山海经·中山经》说："岷山，江水（即岷江）出焉……其上多金玉。"中国古籍中但凡产玉之地，皆山水一脉袭焉。这正如宋应星《天工开物·珠玉第十八》所云："玉璞不藏深土，源泉峻急激映而生。"这即是说，玉山之玉，多沿河而下。对于玉工来说，并不太喜山中之玉，而喜水中之玉，因水中之玉乃河水终年冲击摩挲，大小适中，且"每有坚实之部分布于表层，而以其外皮之酸化为美观云"。三星堆西北的岷山—玉垒山及岷江—白沙河，系古羌—蜀族团的圣地和东南下成都平原的通道。三星堆古蜀王族所用玉料，必定沿此通道上溯采集。

对古代民间采玉，《天工开物·珠玉第十八》记叙说："秋间明月夜，望河候视。玉璞堆积处，其月色倍明亮。"又在望野之处，"河水多聚玉。其俗以女人赤身没水而取者"。岷山、白沙河一带相传，旧时玉工所琢之玉，当由其黄花闺女或处子姊妹脱衣净身后下河捞取。其间道理则说：玉璞生于玉山时，璞中玉软如棉絮，被夏季山洪冲走后遂变硬，经河水常年冲刷则愈发坚美，乃属阴性，如冰清玉洁女儿身；所以也要冰清玉洁裸女子潜水取玉，以洁诱洁，以阴召阴，使美玉不再流去而便于捞取。岷江一带的传说显然融进了《天工开物》的故事，虽则荒诞不经，却也道出了玉在中国人心目中的地位——圣洁、美丽、坚贞、崇高。

20世纪初叶，彭州白鹿天主教堂的一位法国传教士在他的书中，记述了他在白沙河看到的采玉女的情况：虽已不是裸身入水，但短衣湿身是没问题的。当时他就被少女们的青春身段与大方开朗所征服。尤其是下水前面向大山的虔诚祷祝，呢喃软语，如莺声呖呖，令人难忘。

三星堆石器从质料上看，大多数为碳酸岩、火成岩、石英片、绿石英片岩、云母石、硅质岩、页岩、砂岩等。众所周知，成都平原是一冲积平原，土壤深厚却不产石。这些用于农业工具的坚硬石料，则当全部采自成都平原西部的龙门山—邛崃山。

三星堆鱼形玉佩

三星堆玉石器主要分作装饰器、礼器和武器工具类。装饰器主要为管穿、珠、方形玉片、长方形玉片及钏、玦等，这类器物形体小，数量少。礼器类主要为璧、璋、琮、瑗、环等，出土最多，工艺最精湛，形体大小皆有。武器工具类主要有戈、剑、刀、凿、斧、锛、锥、杵、矛、铲、锄等，这类器物除冯汉骥、童恩正在《记广汉出土的玉石器》中所列举的三件玉斧之外，形体多不太大。毋庸说，玉石器的质料是比较坚硬的，那么，三星堆古蜀先民又是使用什么质料的工具才制作出这许多造型各异而又十分精美的玉石器的呢？

其实，在玉器制作行业里，其生产过程乃称治玉，或者琢玉、碾玉、碾琢玉。所谓"他山之石，可以攻玉"，道出了治玉的工具以及工艺内涵。而这他山之石，则是硬度高于玉的金刚砂、石英、石榴石等，以此辅水研玉石，因而又统称作"解玉砂"。此外，还配以线锯及钢和熟铁制成的圆盘、圆轮、钻床、半圆盘和架以木制的车床来制作玉器。不过这大致是铁器已被广泛应用的时代了。在铁器发明以前的旧石器时代、新石器时代及红铜时代，治玉的大部分工具，还只是砂岩和木、竹、骨质料的工具或铜质料的工具配以砂岩。三星堆文明时期的鼎盛之际大约相当于中原商代中晚期，

三星堆玉牙璋

即公元前13世纪至11世纪。这一时期，属于青铜时代，古蜀人治玉过程中使用青铜工具应当不成问题，而且，也不排除掺杂有少量铁工具的可能。但尽管如此，古蜀人特别是三星堆文明时期的古蜀人的治玉工具，在今人看来仍属无比原始的工具，可是竟能琢磨出古蜀国美妙绝伦、堪称鬼斧神工之制的各类大小玉石器系列，又不能不说是一种奇迹。

三星堆玉石器的雕刻技术应该说代表了先秦时期四川地区玉石器加工的最高水平，同时也属于先秦时期全国的最高水平之列。例如前面曾反复提起的那件二号坑出土的青灰色大型刻凸画边璋，其形如圭之上端斜削去一角，顶端一边成锐角，一边成钝角，上宽下窄。射部和柄部两面均阴刻有两组图案，分别刻在璋身的两端，每一组又分成五幅图案，每幅图案之间由线刻的平行线相隔。其图案有站立状和坐跪状的人物形象、大山、太阳以及凸形符号、S形勾连云雷纹、手纹和牙璋的形象等。这件大边璋射长43.1厘米，上宽8.8厘米，下宽6.8厘米，柄长11.3厘米，通长54.4厘米，是一件不可多得的艺术珍品。

三星堆玉牙璋亦独具特色，其上多有加工精细的扉棱及云形纹、鸟纹等多种纹饰。如一号坑出土的一件乳白色的牙璋，其射部镂刻成鸟形，器身两面各刻一璋形图案，器身与柄之间有三组阴刻平行线纹，在两平行线纹相对应处刻有齿形扉棱。牙璋通长38厘米，柄、身之间有一圆形穿孔。三星堆遗址出土的其他玉石器，如戈、刀、凿等，其器身上也刻有云雷纹、平行线纹并钻有圆形穿孔等，所刻线条，简洁而清晰，刃部都磨得较薄。

第五章：匠心之构

三星堆玉器饰纹大量采用了镂和线刻工艺。线刻的线条非常细，宽仅 1 毫米左右，但各线条之间界限分明，线条平直明快。就其镂和线刻的手法来讲，又分直道和弯道两种，如前举边璋、牙璋，其云雷纹和齿形扉棱就体现了弯道技法；直道技法则大量地表现于玉石器的平行线刻上。值得注意的是，三星堆工匠们不仅大量采用阴刻，还使用了"减地"法，如前述鱼形大玉佩，其"减地"法使平面呈现出一种层层递进的阶梯形。从总体上看，三星堆玉石器上雕刻的花纹造型，可谓繁复多样、包罗万象，且交错有致、细腻规整。研究者估计其雕刻工具可能是铜质料。

从三星堆玉石器的成型效果和加工痕迹看，大致运用了锯、凿、挖、琢、钻、磨、雕刻及抛光等工艺。其玉石器成品或半成品的璋、璧等，都留有明显切割痕迹和锯痕。戈、璋一类的制作，根据遗址内发现的半成品和发现的解料切片状况来看，主要是通过一种较锋利带锯齿形的金属工具（大致是青铜工具），首先将一块石料或玉料按所要制作器物的厚薄进行劈割[1]、锯割[2]和研磨下料。1964 年在月亮湾就出土过这类玉片，其中一块玉片边缘部位还留有劈片时的打击点。但是，1986 年在遗址Ⅲ区的商代晚期地层发现的一部分切片，则显然不是通过锯类的金属工具切割，而是用砂子进行研磨的。研究者认为，三星堆遗址戈、璋等类型的片状器物，主要是靠锯割和研磨这两种技术来下料的，而后更多的加工技术则主要反映在琢磨的工艺上。戈和

1　即依照石料纹理劈成薄片。
2　三星堆玉石下料的最基本方法，比劈割成功率高，又比直接磨制省工。

璋的表面都是通过了琢磨，才使表面平整光洁的。柄部的扉棱则先用尖锐的工具按设计要求刻出一道道平行的直线，然后再在平行线的两端用锯和砂等进行锯、镂，琢刻出柄部的齿形扉棱。其相互间的距离虽很近，但扉棱之间的切割却普遍比较整齐，并没有因此把较薄小的扉棱折断。这说明当时的切割技术水平是较高的。

新石器时代至夏、商、周的玉器，多为有孔玉器。其中有些是造型本身的需要，如琮、璧之孔；有些是为了穿绳戴佩而打的孔，如环、瑗、佩之孔；还有的是为了穿绳捆绑木柄打的孔，如锄之孔。因而在制造玉器时，穿孔不能不占有相当的位置。这时期玉器的穿孔有以下几种：第一种是马蹄形孔，即从一面钻孔，孔径越来越小，待孔打透时，径已很小，孔呈一端大一端小的形状，纵截面为梯形。这种孔一般是用较强硬的棍棒和特定的硬砂钻出，多用于较薄的装饰品。这类带有马蹄形穿孔的玉器，多见殷墟时期。第二种是对穿孔，即对较厚的玉器或筒状玉器采用两端对钻的方法。三星堆出土的玉石器也有对穿工艺的采用，不过其穿孔带有明显的圆柱形痕迹或两个截顶锥形痕迹。此外，三星堆有的石璧大的内孔直径达几十厘米，小的仅 1 厘米左右，而个别石纺轮上钻孔的直径仅几个毫米。研究者认为，这说明当时已完全掌握了用管（如竹管）钻及硬物（如木棒）钻与用砂蘸水的钻磨技术，钻出的孔壁多平整、光滑。第三种是带有螺旋纹的孔，河姆渡文化遗址出土的河光石钻孔，孔壁呈螺旋状。三星堆出土的大量玉璧，穿孔无论大小，也都带有螺旋纹。螺旋纹的产生，可能是用某种管钻钻孔时，角度和钻位发生变化造成的。

三星堆工匠的打磨技术亦十分高超。1974年在月亮湾发现的磨石坑中的数十件大小卵石，是在卵石上磨出一个或几个平面，整体磨制的趋向是取最大平面材料。有人认为这些石子是玉石作坊使用的加工工具，但据石子的精美程度及所磨平面的平整程度看，这些石料是经过精心选择的，研磨也是经过设计而精心进行的，因而这些卵石应该是被加工过的玉石材料。三星堆遗址出土的斧、锛、凿、矛等武器工具类，大多先将石料打制、切割成一定形状的粗坯，然后放在大的砥石上加砂蘸水研磨，把粗坯磨制光滑规整成形。

三星堆玉石器的抛光技术也十分独到，其成品多晶莹剔透、圆润光滑。研究者推测，当时的抛光除了使用皮革或木质物做成的抛光工具外，有可能还采用了"布轮"一类打磨器。这其实已接近现代工业的抛光技术了。

总之，占据三星堆出土文物数量之冠地位的玉石器，与青铜器一道争奇斗妍、交相辉映，共同代表了三星堆文明的最高水平，并在历史悠久的中华玉石器制作工艺史上，留下堪与中原同期文化媲美的精彩篇章。

竹木匠的巧夺天工

三星堆文明时期人们的居室建筑一般以"干栏"建筑与竹编木骨泥墙建筑两种形式为主。所谓"干栏"建筑,即以竹木架构成两层房屋,下为底架,高出地面许多;上层则居住人家。重庆博物馆和四川大学博物馆所藏的铜錞于上,就都有"干栏"式房屋图案。

成都十二桥商代干栏式居住遗址

从三星堆遗址晚期房址(属第二期文化)大量出土的木桩、木棍和有竹片痕迹的红烧土块来看,这应当是竹编木(竹)骨泥墙的遗存,是蜀先民们针对川西平原多雨潮湿特点的因地制宜。蜀先民们就地取

第五章：匠心之构 233

材，用木棍和竹片编成篱笆，再在里、外两面涂草抹泥，顶部以竹、茅覆盖，长背短檐；底架也采用木或竹架构。蜀先民创造的这种地面木骨或竹骨泥墙（宝墩遗址发现有竹骨泥墙的痕迹）结构建筑，在今天变异成为川渝边远贫困地带还尚见的竹编泥墙的茅草房。此外，考古工作者还在成都西门十二桥发现有商周大型"干栏"式宫殿建筑遗址，在西胜街军区三招待所发现有春秋战国时期的木柱、竹编、藤编建筑遗址，在距永陵大门西约 80 米处发现有竹编"干栏"式建筑遗址……它们都有力地说明：即便在商周至战国时期（蜀地正处于奴隶制及奴隶制向封建制转变时期），竹木仍被广泛地应用于居民建筑，连帝王宫殿也不例外，更不用说在巴蜀奴隶制文明以前的原始公社时期生产力处于低水平的情形下了。而以竹木为主要材料的巴蜀"干栏"和竹编木（竹）骨泥墙式建筑，则成为用以区别同时期的中原居室（地穴、半地穴）文化的一个显著标识。

考古工作者还在长江三峡巫山县大溪河与长江汇合口附近发现的距今约 6 400～5 300 年的大溪文化遗址中，发掘出大量彩绘花纹陶器，其中有类似竹编物状的花纹。这表明当时竹编器物已被应用到日常生活中了。以后，又在成都指挥街遗址的 5、6 层——周代文化层中，发现了竹木器或竹编物残片。此外，考古工作者还在巴县（今重庆市巴南区）冬笋坝和广元昭化宝轮院战国时期的船棺墓中，发现了竹木器、篾器以及竹木漆器（以竹木为骨胎）。而上述船棺的棺底，亦有六棱孔眼的篾垫的痕迹。另在战国青川墓群中，还出土有竹筐、竹笊、发簪、木梳、木篦、木柲（兵器的柄把）、木俑、车轮、木牍等。在荥经曾家沟春秋末至战国早期墓群中,也出土有楠木棒、杖、木片、撬棒等,竹器则有笥[1]、圆盒、篮等。稍晚的21号墓内也出土不少竹木器。在新都大墓内还发现残木弓、残竹笘等。在距奉节白帝城5里远的石板匣战国晚期至西汉时代的悬棺葬中,也发现有编织成双篾条人字形纹样的竹编残片。这些竹器大多造型精美,其编织方法有经纬编织、人字形编织、六角形编织、人字形编织与经纬编织叠压,等等。荥经16号墓出土的竹圆盒,每厘米内竟编织细篾丝11根,几可与现代编织工艺媲美。20世纪30年代以来,考古工作者还在茂县、理县一带发现的自春秋、战国直迄西汉末的"纵目人"石棺墓葬中,陆续出土了竹木器物。这说明最迟从公元前5世纪起,因为拥有丰富的竹木资源的强大优势,巴蜀竹木工艺就与它同时期的中原竹木工艺及荆楚竹木工艺一道,并肩前进,共同构成源远流长、光辉灿烂的祖国竹木工艺的主体部分。今天已昂首挺胸,走向世界的川渝现代竹木工艺,正是在这种历史文化背景下培育与成熟起来的。成都现代瓷胎竹编、江安竹簧(竹刻)、梁平竹帘、自贡龚扇、邛竹杖等,皆是巴蜀工匠的传统作品,它们以工艺的精雕细作和造型的巧夺天工以及品种与流派的姹紫嫣红而独步天下,令人引颈。它们都应是在各自所拥有的悠久的历史渊源和丰厚的文化传承的基础之上发扬光大起来的。

---

1 盛饭食或衣物的方形竹器。

金面罩下的"中国漆"

"桂可食,故伐之;漆可用,故割之。人皆知有用之用,而莫知无用之用也。"这段话,是庄子在《人间世》里的感慨。

庄子所处的时代约为古蜀开明王朝后期至蜀地归秦之初,此时的生漆不仅是生活物资,更是战备物资。它被广泛地运用于兵器,如战车、枪械、弓箭上。《韩非子·十过》说:"尧禅天下,虞舜受之,作为食器,斩山木而财(裁)之,削锯修其迹,流漆墨其上,输之于宫,以为食器。……舜禅天下,而传之于禹。禹作为祭器,墨染其外,而朱画其内。"这就把用漆的历史,上推到距今 4 000 多年的尧舜禹时期。其实,考古资料显示的用漆史较此还要早得多。2002 年,在浙江省杭州市萧山区跨湖桥遗址出土的漆弓箭距今 8 000 年。2020 年,在浙江余姚井头山遗址则出土了两件带有人工涂层痕迹的木器(其中一件为木棍),其涂层,经鉴定为黑色天然大漆,这就将中国乃至世界的用漆历史上推到 8 000 多年前。而早在 1977 年,考古工作者就在浙江余姚河姆渡遗址发现过一只内外上朱红漆的木碗,距今 7 000 多年。整个新石器时代至战国时期,中国大漆及漆器的生产地都在浙江和中原。那里是大漆的原乡,数千年间一直以颇具规模的漆器生产和日臻完善的漆工艺及漆器审美引领中国漆文化的成长之路。前举《韩非子·十过》便描绘了这一现象。尧、舜、禹的活动轨迹从中原一直到江淮,最后落脚到浙江(禹葬会稽),这片地带(从山西、河南经安徽直到浙江）在中国东部画出一个美丽的弧形（形似弯月或弯弓），成为中国漆文化的生长带、成熟带。

　　蜀地漆文化见于文献较晚，它的生成，必是在中原和浙江漆文化的影响下完成的。但是，晚熟有晚熟的优势，后来者的生猛程度和发展势头往往给人带来意想不到的惊喜。

　　1950年，在安阳武官村商代大墓发现了很多雕花木器和朱漆印痕，木器虽已腐朽无存，但印在土上的朱漆花纹，仍很鲜艳。在虎纹石磬的两侧，各有一处方形印痕，这应该是磬架方座漆绘的纹饰。不过，几乎同一时期（商代晚期）的成都平原三星堆遗址也不遑多让——1986年春，考古工作者于此出土了雕花漆木器（疑是漆碗）残片，其长10余厘米，是四川地区目前发现的最早的漆器。据参与三星堆遗址发掘的陈显丹先生报告，这件雕花漆木器以木为胎，外施土漆，木胎上镂孔，器表雕有花纹，"表明当时已熟练地掌握了割漆、生漆加工、制胎、上漆工艺技术"。

　　三星堆以后的四川漆器的考古发现有如井喷：在荥经和青川墓群中大量出土了春秋战国时期的漆器。其上的烙印戳记表明，它们的制作地均在成都。漆器品种有漆盒、漆盘、漆壶、漆杯、漆奁、漆梳等；多黑红两色，有的内红外黑，有的几色兼糅。成都羊子山172号墓出土的漆器还带有铜足、铜盖或铜箍等附加装饰。

　　童恩正先生认为：早在公元前4世纪末，在巴蜀地域就形成了一个以成都为中心的商业、手工业区，其中漆器产地主要为成都、郫县（今郫都区）及雒县（故城在今广汉市城北）。考古发掘也表明，雒

青川出土战国蜀郡漆器

县和广汉郡（西汉治所在今四川金堂东，东汉移治雒县）漆器与成都和蜀郡（治所在今成都）漆器一道，在两汉时期都曾独步天下。1957年，贵州清镇第 15 号汉墓曾出土带有"广汉郡"铭文的漆器。其中一件土漆耳杯制于西汉平帝元始三年（公元 3 年）。据上面的铭文介绍，当时的髹漆工艺流程有素工、髹工、上工、铜耳黄涂工、画工、洀工、清工、造工等。所谓素工是制内胎兼打磨；髹工、上工是上漆；铜耳黄涂工是在铜制杯耳上镏金；画工画纹饰；洀工不甚清楚；清工最后清理修饰；造工负责造型或全部工艺流程。而这些工作的执行者大约相当于今天的技师、工艺师一类。此外还有护工卒史、守令史一类负行政责任。一只小小的漆耳杯，就要经过造型、制胎、打磨、髹漆、镏金、绘图、清理等诸多工序，每道工序又都各有工匠把关，而且还有总设计师、工头及政府官吏专职负责和监制。由此可见，西汉时期的蜀地漆器制作工艺、生产规模与总体策划，已达到相当发达的程度。

那么，古代四川的生漆主要产地在哪里呢？据任乃强先生《四川上古史新探》考证，最早应该在与广汉毗邻的什邡县（今为什邡市）。"此区山地多漆树，其人盖即割漆之发明者与推广髹漆之法者，故被称为汁方。"在整个商周时期，"汁方"部落都是以割漆与髹漆作为主要文化特征的。也正是由于"汁方"部落发现了漆树，开创了髹漆工艺，并以此行商天下，才被后人称为"汁方"。（参见《史记·高祖功臣侯者年表》）这道理，就同蜀族因以蚕丝行商而被称为"蜀方"是一样的。

显然，处于商周时期的"汁方"部落是古蜀国多民族大家庭的成员之一，其地所产生漆当首先供给古蜀国发达的手工业之需，然后剩余产品才有可能或才会被允许同蜀之蚕丝一道，东北上中原，与商周进行交通。与此同时，"汁方"部落的大批髹漆好手亦会随着"汁方"之漆一道，进入蜀都三星堆—成都的手工作坊，参与手工艺品的制作，承担髹漆关键工序工作并培训蜀族漆工。

殷商时期的三星堆髹漆技术无疑为以后数千年名噪天下的蜀中漆工艺的先导。商末周初，随着古蜀国政治经济文化中心向西南移至郫县（今郫都区）、成都，遂使这两处的髹漆业也接踵发生，兴隆起来，以致进入战国以后，形成成都—郫县—雒县（广汉）鼎足而立的巴蜀髹漆业中心和以三大中心为支撑点的包括梓潼、武都等地在内的巴蜀漆文化区。上述地区都设有工官，经营着大规模的漆器生产。根据出土的汉代漆器铭文,巴蜀地区的一些地方官府也经营一定规模的漆器生产。该地区所生产的漆器,大部分供皇室使用,有关史籍对此有明确记载。考古发现巴蜀地区工官所制的漆器,亦多有注明"乘舆"字样者。那时作为商品生产的漆器,主要来自私营作坊。在出土的漆器中,凡标明某某姓氏制作的铭文,都出自私营作坊。一件东汉明帝永平十二年(公元69年)蜀郡生产的漆盘铭文就写道,该批产品是由私营作坊(卢氏)为官营作坊承包生产的,并说明这批产品的数量是1 200只(漆盘),而其加工时间应该不足一年。由此可以推测出当时巴蜀地区的髹漆业是何等兴旺发达,生产能力是多么的高!那时大量署有"蜀郡工官"(西汉时成都、郫县皆属蜀郡)和"广汉郡工官"的漆器不仅蜚声国内,而且远传异国他乡。长沙马王堆一号汉墓、湖北江陵凤凰山八号墓即出土烙有"成都"字样的成都漆器。1916年,朝鲜平壤附近的古墓中出土了一批蜀郡和广汉郡的竹木漆器,其中最早的印记为西汉纪年。

后起的蜀地漆文化的生猛劲头不仅表现在规模、声势上,更表现在比肩前人甚至超越前人的一系列发明创造上。

据文物修复技术人员对三星堆金面罩与青铜头像(出土前,二者原是黏合在一起的)之间的"一层极薄的呈枣红色的硬壳"所进行的红外线光谱仪测试分析,"金面罩粘贴到铜头像上是用'中国漆'(又名土漆)之类的树脂作为黏合剂的"。(杨小邬:《浅谈三星堆出土金面铜像的修复工艺》)

由此可知,用于金面罩和青铜头像上的黏合土漆,应当来自"汁方"部落,是"汁方"漆商或漆工带进三星堆的。而以土漆作金属品的黏合剂,在殷商时代的古蜀国甚或中国当系一大发明。(当然,那时的中原金属黏合剂系何物?不得而知;只知道商代曾有过用漆黏附绿松石于青铜器物上的镶嵌技术。)这个发明是"汁方"工匠和古蜀工匠在发达的髹漆业的基础上进行的,是长期丰富的髹漆技术应用经验的积累使然。

文物修复技术人员对当时为便于黏合而在青铜头像所上的"腻子"[1]进行的取样测试还表明,其"腻子"的调和剂是水而不是今人通常使用的漆。何以如此呢?是为了节省漆料,还是为了简便操作工艺?如果是前者,则说明三星堆所用之漆,当时还仅靠"汁方"一地供给,且其产不甚丰,弥足珍贵而惜用之;如果是后者,则说明三星堆工匠思维颇活跃,创造力极旺盛。还须强调的是,无论是前者还是后者因素所致,用水而不是用漆调"腻子",在黏合效果上是会大受影响的,这已被现代髹漆实践证实了。可是,三星堆工匠们竟然还把金面罩和青铜头像黏合得如此紧密、坚固,以至于今天的文物修复技术工作者要动用微型的牙科电动金属工具小心翼翼地揭取,才使二者剥离开来。可见三星堆蜀先民的髹漆技术已达到炉火纯青、出神入化的地步,故而才弥补了用水代漆作"腻子"调和剂的缺陷。

继以土漆作金属黏合剂后,蜀人又创造了夹纻胎工艺。

生漆夹纻是传统漆艺中的一种胎骨制法,以往依据《出三藏记集》卷十二、《辩正论》卷三、《法苑珠林》卷十六的记载,其被认为是

---

[1] 今上土漆之前先上的白骨泥一类。

第五章：匠心之构 241

距今 1 600 多年的东晋名士、雕塑家戴逵发明的，用其造佛像，躯体极轻，便于行像之用。那时不少夹纻佛像都是戴逵的作品。其实，用漆灰造形并用麻布粘贴造漆胎工艺，在战国、两汉时便已流行，它最早乃出自蜀地工匠之手。战国时期的蜀地漆工们在制造一些漆器（通常为圆形或方形器皿）时，就是先做好胎模，然后在上面层层裱褙苎麻布并涂上漆灰，充分发挥麻布的张力与漆的黏性，等所塑器形干固后，脱掉胎模，便得到漆器胎骨。"这种工艺无疑是漆器制胎史上的一次巨大的技术革命，成为后世脱胎漆器的始祖。"（李建中，《"漆"妙无穷——成都漆器制作工艺》。）东晋的戴逵应该是在蜀工匠夹纻胎工艺基础上完成夹纻佛像的造型的。

蜀地漆工的夹纻胎最典型的器物是 1925 年和 1939 年于平壤附近汉墓发现的汉光武帝建武二十八年（公元 52 年）漆耳杯、汉明帝永平十一年（公元 68 年）漆耳杯、永平十二年（公元 69 年）画像漆盘，铭文均为"蜀郡西工造"。其时"蜀郡西工造"漆器，类型多样，制作精良，特色鲜明；就胎质而言，有夹纻胎、木芯夹纻胎及木胎三种，以夹纻胎为主，从而形成"蜀郡西工造"风格。"蜀郡西工造"的夹纻胎，虽与后来的夹纻漆像作法有所不同，但毕竟是后者的前身。

还须交代的是，夹纻所用纻，即苎麻布，又称夏布，特产于蜀地，故亦称为蜀布。其耐湿强韧而易漂白，用为夏衣，美观舒适，因而远销印度、缅甸，深受富人喜欢。《汉书·张骞传》说张骞出使西域，在大夏（今阿富汗北部）见到蜀中特产邛竹杖与蜀布，问之，称是从身毒（今印度半岛）购得。

因为战国至汉的苎麻布只出于蜀地，蜀工匠得先天之便，这才有夹纻胎工艺的发明。

西汉初期，成都漆工还在战国楚人漆器锥画（用金属锥于尚未干透的漆膜上镌刻花纹）的基础上，于线条里填金彩，成为后世"戗金"的先声；又将各种珍贵材料镶嵌于漆器上，成为后来"百宝嵌"漆器的先导。

进入近代，蜀地漆艺人又相继创造了独特的雕填工艺，即雕花填彩、雕漆隐花、雕银丝光和拉刀针刻这"三雕一刻"。其中雕花填彩，在明人黄成《髹饰录》里记为"镂嵌填彩"，乃于秦汉时期雕填工艺基础上发展起来的成都漆艺的代表性工艺，也是成都漆器区别于其他地域漆器的最为神秘之处。民俗学家李建中先生说，"三雕一刻"工艺"是成都漆艺闻名中国漆艺界的独特技艺，非常富有地域特色"。

2006年，"成都漆艺"以全套制作技艺被列入第一批国家非物质文化遗产名录。

成都漆艺或者说蜀地漆艺在装饰审美上具有自己的鲜明风格。

在2020年至2022年三星堆新一轮的考古大发掘中，发现了许多红色矿物质——朱砂。它们大量地涂抹在青铜器上、一些青铜人（或面具）的嘴唇上。2023年11月16日，在广汉举行的三星堆遗址考古多学科综合研究成果研讨会上，秦始皇陵博物院文物保护部主任夏寅先生报告说："目前，我们已对三星堆新出土的13件带彩青铜器中的107件文物样品进行了科学分析。研究表明，三星堆遗址出土带彩青铜器使用了朱砂和炭黑两种颜料。"大量使用红的朱砂和黑的炭黑加之于青铜器上，这在同时期的其他古遗址中是极少见的，这或许可以视为三星堆青铜器甚至古蜀青铜文化的一个特色吧！

由此便引出古蜀人是否尚红、尚黑的话题。这个话题，也同样反映在蜀地漆文化上。我们注意到，自战国以降的蜀地漆器，的确偏爱红与黑。而这两种颜色也最易得：黑是土漆的本色（经氧化后），倘若再加以黑碳粉、黑锰矿石，则更显得稳重大气；朱砂与铁红在蜀地大量可见，其入漆则为朱漆，即显典雅艳丽之媚，故有"丹漆不文"之说。

其实，漆器尚黑尚红，从来就是传统，如前引《韩非子·十过》"墨染其外，而朱画其内"——中国漆器之美由此奠定了基调。只是在古蜀漆器那里，这基调更为突出，更为强烈，更为震撼人心。1993年发掘的绵阳永兴镇双包山 2 号汉墓里的"经脉漆人"周身以黑漆髹饰，而以朱漆勾绘经脉。双包山 2 号汉墓出土的声势浩大的漆木马阵也是通体黢黑，神采奕奕，摇人心旌。湖南长沙马王堆汉墓出土的蜀郡生产的"轶侯家"漆匜，"黑漆沉稳内敛、凝重神秘，深沉而不暗淡；朱漆绚丽雅致、鲜艳明快，艳丽而不漂浮。色彩简洁而醒目，美丽极了"。（陈乃惠：《中国漆艺色彩话语研究》）朝鲜发现的一系列"蜀郡西工造"漆器，亦以红、黑二色为主打色，红黑互映，熠熠生辉。三国时期成都漆器上的雕绘作品，"多以黑色偏红色髹于器表作漆地，用黑漆勾画轮廓"，红黑相拥，光可鉴人。

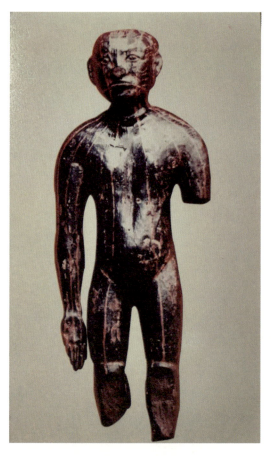

绵阳永兴双包山汉墓经脉漆木人

进入近现代,就公布的蜀地漆器作品来看,仍是坚持前人"尊黑尚朱"的色彩美学立场,凸显了朱漆的艳丽张扬、黑漆的大气沉稳,具有强烈的视觉冲击力与令人震撼的艺术感染力,从而增添了蜀文化的神秘魅力,表现出蜀人数千年不移的自由开放精神与自信豪迈的性情。

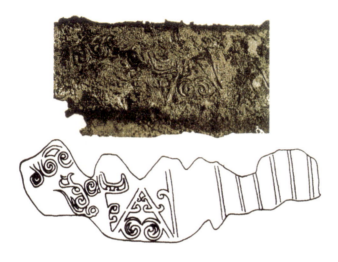

三星堆雕花漆木器残件及线图

"尊黑尚朱"到了与古蜀人同脉同宗的四川彝族（与古蜀人同属古羌族）同胞那里，又平添了宗黄的风格。彝族是作为古羌人的一支，在从西北南下发展过程中与西南土著部落不断融合形成的。凉山彝族的谚语中有"人从北方来"之说，民间也传说"彝族最初住在西北高原某处"。

四川彝族不仅具有光荣的革命斗争史，而且也创造了绚丽多彩的物质文明与精神文明。其传统工艺的代表为凉山漆器及髹漆技艺，相传是由先民狄一伙甫发明的，距今58代（或说57代），有1 700多年（或说1 600多年）的历史。凉山州喜德县是彝族漆器髹饰技艺发源地，被誉为彝族漆器之乡。现今可考的最早的漆器工艺世家是喜德县依洛乡依洛村的吉伍家族，已传承19代。彝族漆器多为木胎上漆，以上好的杜鹃木、酸枝木、樟木等为材料。其从生漆收割、胎坯挑选、胎体制作到图饰绘制等，计有50多道工序、82个环节。即便一件普通的器物，按传统工艺也得花费至少13个月、多则三年的时间。

彝族传统漆器皆为精雕细绘，线条明快，红、黄、黑三色错落其间，显得热烈奔放、简洁大方，浪漫而写实。2008年6月，彝族漆器髹饰技艺被列入国家非物质文化遗产名录。此后，漆器髹饰技艺便成为凉山彝族一个最具代表性的文化符号。凉山彝族漆器也从大山中走向全国，走向世界。彝族漆器普遍使用的红、黄、黑三色，是彝族独具特色的文化色彩。在彝族传统认知里，红色象征火，代表热情勇敢；黄色象征阳光，寓意光明与希望；黑色代表土地，表示生存之本，具有勤劳沉稳、坚忍不拔的内涵。所以红、黄、黑三色被广泛地运用于彝族人民日常器物、日常生活中。正如从大凉山走出来的彝族诗人吉狄马加在《彝人梦见的颜色》一诗中写到的："我梦见过黑色，我梦见黑色的披毡被人高高地扬起，黑色的祭品独自走向祖先的灵魂……我梦见过红色，我梦见红色的飘带在牛角上鸣响，红色的马鞍幻想着自由自在地飞翔……我梦见过黄色，我梦见一千把黄色的伞在远山欢唱，黄色的衣边牵着跳荡的太阳……"彝族人民将红、黄、黑三色的美学思想发挥得淋漓尽致，表现出对生活、对生命的无比热爱，传递了对自由、幸福的强烈追求，并向世界展现出宽广的胸襟与积极向上的精神。

从考古发掘来看，作为蜀文明的蜀地漆艺应该是在中华漆艺的繁花簇拥下成长起来的，它一开始就被置于中华文明多元一体星空里而崭露头角。它自三星堆而初露峥嵘,在被纳入中华文明政治一体化[1]进程后便锐不可当;入汉后更以英姿飒爽的面貌如渴骥奔泉、矫若惊龙,将自己华美的身段展现在祖国大地乃至异域他乡。它的若干具有开拓性的创造发明,证明了蜀地工匠继承了三星堆人的聪明才智,发扬了先辈们的进取精神,为最终使成都漆器成为当今五大漆器之一,成都成为"中国漆艺之都"奠定了坚实的基础。蜀地工匠,包括大凉山彝族工匠对黑红双色(或红黄黑三色)的痴迷,既是中华文明多元一体审美观熏染的结果,亦是他们对自三星堆以来的蜀人美学观的坚守。当中国漆艺的满目辉煌饮誉世界之际,蜀地漆艺三千年的色彩基调则于灯火阑珊处发出明亮而会心的微笑。

---

1 以秦惠文王公元前316年取蜀为标志。

织机上的功夫

根据古代文献记载和出土文物，我国最早用于服装制作的原料应是蚕丝及麻、葛纤维，而最早的纺织业也就是丝织和麻、葛织业了。

我国古代种植的麻类，有大麻、苎麻、苘麻三大类。苘麻是硬纤维麻，一般不能用作衣着材料，多用来制绳索。大麻和苎麻是优良的纺织原料。我国是大麻和苎麻的原产地，所以，国际上也把大麻叫作"汉麻"，把苎麻叫作"中国草"。大麻盛产于黄河流域，苎麻则盛产于长江流域。四川盆地，特别是盆地长江以南的低山浅谷是苎麻的原生地之一。《华阳国志·蜀志》记江原县（辖今崇州市及都江堰市岷江西南之地）"安汉上下、朱邑出好麻"，就指的是苎麻。苎麻（古代也称纻），纤维细长坚韧，平滑而有丝光，质轻拉力强，吸湿快干又易散热，染色容易而褪色困难。苎麻织成的夏布，洁白轻薄，清凉离汗，很受人们的欢迎和称赞。蜀地精细的苎麻布可与丝绸媲美，因而又有"缏"或"蜀布"之称。《说文》讲："缏，蜀细布也。"《盐铁论·本议篇》也说："非独齐阿之谦，蜀汉之布也。"而在出土的居延汉简中，竟还有"广汉八稯布"的记载。这就说明蜀布其时已在西北边郡广为流传。《汉书·张骞传》更记，张骞通西域时，曾在大夏（今阿富汗北部）见到蜀布，大夏国人向他说，这些蜀布来源是当地的"贾人往市之身毒国（即印度半岛）"。可见，早在西汉之前，蜀布甚至已远销至南亚一带。据段渝介绍，在蜀地战国考古中，有时见到一些麻织品,一般出土于墓葬内,因为残朽,已难窥全貌。这种麻织品,想来当是以一些苎麻纤维为原料的蜀布吧。

前面已讲过,古代四川是蚕桑业的发源地之一。由于有着雄厚而广泛的蚕桑业基础,所以丝织业也一直称著天下。西汉扬雄在他的《蜀都赋》里说:"尔乃其人,自造奇锦。"东晋常璩的《华阳国志·蜀志》记秦国名将司马错、中尉田真黄言道:"蜀有桀、纣之乱,其国富饶,得其布帛金银,足给军用。"因此,秦灭蜀后,才会"于夷里桥南立锦官"。《华阳国志·蜀志》还描绘汉晋时期蜀郡首府成都景致说:"郡更于夷里桥南岸道东边起文学,有女墙。其道西城,故锦官也。锦工织锦濯其江中则鲜明,濯他江则不好,故命曰'锦里'也。"今成都即有锦城之名,穿城二江(今府南河)仍有锦江之称。

自汉以降,成都平原的织锦一直是机织业的"龙头"。西晋文学家左思有《蜀都赋》吟道:"百室离房,机杼相和。贝锦斐成,濯色江波。"汉晋时的成都城一直都为织锦机杼美妙的和声而着迷。然而在东汉前期,成都城内因楼屋密集,为防火灾,一直禁止百姓晚上进行织锦等生产活动,但火灾仍不时发生。廉范[1]上任蜀郡太守后,改堵为疏,废除旧法令,只是严格要求百姓多储水以防火而已,火灾反而减少。百姓颇感方便,编成《襦袴歌》[2]传诵:"廉叔度,来何暮?不禁火,民安作。平生无襦今五袴。"翻译成白话文就是:廉叔度,来太晚!不禁火,民心安。平生没有短衣衫,如今却有五条裤子穿!

---

1 《后汉书》卷三十一《廉范传》:廉范字叔度,京兆杜陵人,赵将廉颇之后也。
2 又作《五袴歌》,后被用作称颂地方官吏施行善政之词。

廉范很有眼光，也很具魄力。他认识到理政之道，宜疏不宜堵。当然，这是在当时国家将蜀锦作为国家重要的战略物资的基本国策下采取的理政之术。蜀汉国的丞相诸葛亮就说过："决敌之资，唯仰锦耳。"（《今民贫国虚教》）可见蜀锦的生产在蜀汉经济中占有显著的地位。蜀锦经常被用来交换北方的战马或其他物资，以应车战之需，从而成为蜀汉国出口邻国的大宗商品。正是因为蜀汉国的纺织技术的发达，才使作为出口产品的蜀锦能够形成巨大的市场竞争力。

三国蜀汉之世，蜀锦不仅畅销西南，还远销中国的北方和东南。《后汉书》中记载有曹操派人到蜀地买蜀锦的事情，裴松之在《三国志》中注引的《吴历》也有将蜀锦作为礼品送给孙权的记载。南朝宋人山谦之《丹阳记》更称说："江东历代尚未有锦，而成都独称妙，故三国时魏则市于蜀，吴亦资西道，至是乃有之。"可知江南之锦是在三国六朝时期始由蜀地传过去的。魏文帝曹丕在日理万机操劳军国大事的百忙之中，还专门挤出时间写了一篇《与群臣论蜀锦书》，劝阻魏国的豪奢贵族不要购买蜀汉国的锦绣织品，以倡俭朴。

当代蜀锦

锦是帛类丝织物的一种，质地平滑而有光泽。宋戴侗《六书故》说："织采为纹曰锦"。织锦便是以彩色经纬丝织出图案花纹。蜀锦也是彩锦，其经、纬丝在织造前都预先染色，纬丝的颜色在三种以上，用缎纹地组织采用提花工艺织成，色泽瑰丽多彩，花纹大而精致。朱启钤《丝绣笔记》说："自蜀通中原而织事西渐，魏晋以来，蜀锦勃兴，几欲夺襄邑之席，于是襄邑乃一变而营织成，遂使锦绫专为蜀有。"近人徐中舒先生则认为，蜀锦至六朝时才北传中原，非中原古代所有，乃系古代四川的特产。而魏晋六朝时期蜀锦之所以勃兴，端赖于先秦时期蜀人长时期拥有的发达丝织业。在此基础上，还可以认为蜀锦勃兴隆盛的气象，在东汉时代便已显示出来了，以至蜀锦几欲取代北方丝织最为先进的临淄（在今山东省淄博市东北）与襄邑（在今河南省睢县）而称冠天下。事实上，蜀锦在三国鼎立的时代，就已成为赖以支撑蜀汉经济以抗衡曹魏、孙吴并进而统一中国的主要财政支柱了。

麻纤维要纺绩成线才能织。直迄现今的考古发掘证明，自远古至西汉，绩麻都用纺锤（又叫纺抟）。纺锤由纺轮和纺坠（又叫拈杆）两部分组成。用纺锤绩麻，须一手提纺锤，一手不断地旋转纺轮，把麻纤维绞成线，待绩到一定长度时，就把纱线缠在纺坠上。纺坠最早一般为木质或铁质；纺轮则为木质、陶质等。先秦四川的纺坠大概多用木质，因腐朽较快，所以至今未见有出土。倒是陶质纺轮等屡有出土，其中年代最远且数量种类最多者当推商代三星堆遗址出土的陶纺轮。三星堆遗址的纺轮可分为两类：一类是以石璧芯作为原料，再加钻孔而成。其器形一般为圆饼状，直径在3～6厘米，厚约1.5厘米左右。

另一类即陶质纺轮，上小下大，剖面呈梯形，体形不等，直径一般在2～4厘米，中间穿孔，有的饰有篦点纹和凸弦纹，制作较为精细。

从三星堆遗址陶纺轮的造型及其制作工艺来看，商代成都平原上的工匠们已采用了较为先进的一面钻和两面钻的钻孔方法。有的纺轮钻好后再加以修整，故钻孔壁显得平整、光滑。有的石纺轮上钻孔的孔径仅几毫米，这不但说明当时纺织业在硬件设施上已完全掌握了管钻及硬物钻、加水等先进工艺，而且也显示出三星堆先民的纺织业本身已被推向一个蓬勃发展的较高水平。

至于丝织品的织作，则更要复杂些，需要经过缫、纺、织等多道生产工序。《说文》及《方言》第五指出，汉代在缫纺时，已使用了较为复杂的軖车（即纺车）以及繀车（又名道轨，轣辘车等）。《方言》中还列举了当时全国各地对这些缫纺工具的不同称呼。成都平原上的缫纺工艺大致与其他地区的不会有多大差别。

麻、丝纺好后，即可上机织造。织麻、织丝帛的织机大体上是一致的。最早的织机应该是席地而坐的"踞织机"（或叫腰机），这从云南晋宁石寨山出土的春秋晚期至西汉末的铜贮贝器盖面上的纺织场面可以观察到。但也就是在秦汉之际，织工们实际已在普遍使用较为先进的脚踏提综的斜织机。这种斜织机，可以手脚并用，大大提高了纺织速度。其织机的部件名称，据《说文》《艺文类聚》卷六十五引王逸《机赋》及《太平御览》卷八百二十五引《通俗文》等典籍记载，有"杼""轴""梭""蹑"等。这种斜织机，欧洲直到6世纪才开始出现，而直至13世纪才广泛采用。而我国却早在汉代之前就已经发明并使用了，起码早了欧洲整整 700 年。而这种斜织机的图像，我们在山东及成都平原出土的汉代画像砖里也不时看到。

成都曾家包汉墓汉画像石：织布机

2012 年 7 月至 2013 年 8 月，成都文物考古研究所对位于成都市金牛区天回镇老官山的一处西汉时期墓地进行了抢救性的考古发掘，二号墓葬墓主人是一位 50 岁左右的女性。其棺木底部，陪葬着 4 部木质织机模型。

4 部织机结构虽复杂，但清楚，其中较大的一部高约 50 厘米，长约 85 厘米，宽约 26 厘米；其他三部略小，大小相近，高约 37 厘米，长约 63 厘米，宽约 19 厘米。这些织机模型上，还残存有丝线和染料。考古人员还发现织机模型上有用来悬挂综框的绳索。综框是织机的一个重要部件,是由上下横梁和左右侧挡连接的带有穿综杆和驱动件的框架。织机有两个综就可以织平纹,有三个综就可以织斜纹。综越多,能织的纹饰就越复杂。其中一台织机模型上就有四五个综框。这说明它确系织锦机,已经具备了提花功能。

织机四周散落着15个漆木人俑。他们或立或坐,双手姿势各异,应该是司职不同的织工,正在操作织机;另外还有一名"监工"正在监督工作。可以说这是汉代成都织锦工场实景的再现:织工们正在一台台织机前不停地忙碌,一条条华彩丝线纵横交织,一幅幅百媚千娇的蜀锦缓缓泻出……三星堆遗址二号坑出土的那座高达1.8米(连基座则高达2.608米)的大型青铜立人像上那纹饰繁复的锦袍,想必就是这类织机产出的吧?它使我们想到处于长江流域的先秦古蜀工匠们在纺织工艺上也是不会落后于同时期黄河流域的工匠们的。

三星堆遗址出土的这尊大型青铜立人像亦反映出古蜀工匠们的比较发达的服饰工艺以及独具慧眼的审美观。它头上戴着一顶高达17.7厘米的峨冠,峨冠呈四花瓣状,繁茂怒绽,如盛开的莲荷或光芒四射的太阳。它体形瘦长,长袍左衽,即前襟在左腋下开启扣合。这与中原黄河流域的华夏族的"右衽"大相异趣。两足裸露,不穿靴鞋。两小腿各戴一表面饰方格纹的脚镯。值得重视的是,这位"左衽"衣人之衣为三重衣。其贴身有一层衬衣;第二层便是长袍,左衽窄袖鸡领衣,下摆平整,后摆呈燕尾形,长及足踝。这颇似《礼记》"深衣"及"玉藻"里所说的"被体深邃"的诸侯"夕深衣"。"深衣"之上为一披肩,由左肩往右肩斜披而下,其形式与后来的和尚袈裟相类似,但长度略短,下摆约在膝部之上。它由一根饰有方格纹的"法带"由左肩转到右腋,并在后背结成两个结节,以使披肩能紧束身上。从这件披肩的功能上看,既是祭祀所用"法衣",又与"深衣"相结合,疑为"袒裼"而用。郑玄注《礼记·玉藻》,"袒而有衣曰裼",这是商周中原礼仪的要求。

由此我们似可发现,三星堆先民服饰大致接受了中原文化的影响,呈现出冕服、礼服的特点;但又显示出与中原判然有别的个性,即左衽、窄袖,有衣尾(燕尾)、花冠(亦有人称"凫冠"),"这当是两种不同文化因素的复合"。作为这个结论的佐证的,是三星堆一号"祭祀坑"出土的一青铜踞坐人像的右衽素面长袖短衣(中原服饰),且腰部系了两条腰带,下身穿犊鼻裤。而二号"祭祀坑"出土的单、双膝踞坐人像也穿右衽素面,对襟服,束腰。它们的头部顶饰都很简单。要知道,犊鼻裤在古代一般为贫贱者所穿,因此这位着犊鼻裤踞坐者可视为古蜀国的奴隶一类。《史记·司马相如列传》曾记司马相如与卓文君私奔后自开酒肆时,好"自着犊鼻裈,与保庸杂作,涤器于市中"。其时穷途末路,无计为生而不得不放下相公、小姐的架子去混迹于市廛负贩之中。

对于三星堆大型青铜立人像,一般都推测为古蜀国中的高贵者——或国王或巫师,至少也具有贵族身份。而他的服饰如此华丽繁复,与奴隶或平民者所着犊鼻裤形成鲜明对比,这无疑反映出古蜀社会森严的等级制度以及严酷的阶级压迫。不过,话又说回来,正是这种森严的等级制度对巫师和贵族服饰提出了十分考究的要求。这也就势必要求服饰审美观和缝纫技术不断提高，去尽量拉开不同阶级、阶层在服装、服饰上的档次，从而避免在服饰上的千篇一律，尊卑不分，等级混淆。因此，仅从商代古蜀社会的服饰文化着眼，我们亦不能不承认，奴隶社会对原始社会来说，应是人类历史上的一大飞跃或进步。

我们从三星堆大型青铜立人像的三重衣饰的繁缛华丽上还可以看出古蜀人已具有能同中原匹敌的缝纫技术，已经熟练地运用针、刀、剪等一系列的缝纫工具。而衣饰上那极为丰富的纹饰——龙纹、回字形纹、方格形纹、异兽纹等，尤其是披风上的那头张嘴、颌下有须的龙纹饰，充分显示出古蜀先民已臻出神入化之境的手工提花或刺绣技术。

当然，大型青铜立人像衣饰上的这些令人叹为观止的繁复图案，也可能是立人像设计者们针对当时社会生活中的蜀王、巫师或贵族衣饰上常见的印花或彩绘图案而进行的写实临摹。我国先民着色涂染的审美活动，可以追溯到北京周口店山顶洞人时期（距今2.7万年左右）。考古工作者从用鱼骨和贝壳串成的首饰的孔中，发现了呈朱红色的颜料——赤铁矿粉。而距今5 500年的河南青台遗址所出土的绞经罗织物，则被涂染成绛色；距今4 800年的浙江钱山漾遗址出土的丝帛和丝绳，也有涂染过红色的残迹；三星堆的许多青铜人头、青铜面具在刚出土时，也有眉毛施黛、嘴唇抹红的情况。看来爱美之心，古已有之——不论何地何人。至于说到长沙马王堆一号西汉墓出土的那件著名的印花敷彩[1]纱衣，应当视为彩绘和印花相结合的高级丝织品。三星堆文明时期的古蜀王、巫师、贵族们的丝织衣饰，其工艺如果不具有手工提花或刺绣的话，就一定该有彩绘或者印花。实际上，在商代中原已出现了丝绸手工提花技术，西周到战国时期的属于多彩提花的高级丝织品——两色锦和三色锦也已被考古发现所证明；更不用说能够用于彩绘织绣色彩的朱砂、空青、石黄等矿物颜料以及靛蓝、茜草、栀子、紫草等植物染料到处都可寻见，而且早已被原始社会的先民们运用得十分娴熟了，三星堆新一轮的发掘，就发现有大量朱砂。因此，上述关于商代古蜀人衣饰上已采用了手工提花或刺绣工艺，最起码拥有了彩绘或印花的推论，应当没有什么问题。否则，那尊大型青铜立人像衣饰上的那实在令人眼花缭乱、目瞪口呆的各式花纹，又根据什么来临摹呢？

在 2020—2022 年新一轮的三星堆的考古发掘中，考古工作者先是在四号坑出土一块长宽约 3.8 毫米 ×3.1 毫米的丝绸残留物，继而在八号坑又出土更大面积的丝绸残留物，尺寸为 18 毫米 ×8 毫米。此外，在三、六、七号坑亦发现丝绸残留痕迹。在此之前，考古工作者还在 1986 年一、二号坑出土的青铜器物上发现同类痕迹。这说明，三星堆文化时期，人们的衣饰，普遍采用丝绸，至少上层人士是如此。前面多次列举的三星堆青铜大立人像身上的三层华服，最外层的深衣及法衣可能就属于丝绸质地。《礼记·玉藻》亦可为证："君衣狐白裘，

---

[1] 敷彩，即彩绘，指在织物上按纹样着色填彩，印花是在织物上用型板局部染色显花的工艺。

锦衣以裼之。"有研究者认为，大立人像描摹的可能是"一位身着'衮衣绣裳'丝绸华服的领袖主持隆重祭典的场景"。三星堆出土的青铜人物雕像的服饰多姿多彩。四号坑出土的三件扭头跪坐人像的服饰纹样（手、腿上的可能是文身纹样）就有交错V形纹、羽冠纹、燕尾纹及歧羽纹。研究者多认为，这三件扭头跪坐人像大致属于下层人物，所以其服饰或许不是丝绸。不过，对已发现的丝绸残留物的分析，其组织结构大概有平纹和斜纹两种，品种则有绢、绮和编织物等，其中绮为平纹地起经浮花（即"织素为文"）的提花织物，为较高档的丝织品。

　　三星堆在七个坑中发现的丝绸残留物和前述蚕丛氏率蜀先民聚蚕缫丝等事迹，以无可辩驳的事实证明了成都平原是丝绸文化的一处发源地和繁盛地。1995年10月，考古工作者在新疆民丰县尼雅遗址发现一方绣有"五星出东方利中国"隶书字样的汉代蜀锦（平纹）护膊。其通过色彩、图案和文字，把古代中国阴阳学说、天文运行知识等巧妙地融为一体，"是汉代织锦艺术的最高代表"。这方在遥远的古丝绸之路上发现的汉代蜀锦护膊及《史记·大宛列传》记张骞在大夏（今阿富汗北部）见到邛竹杖与蜀布之事，亦说明古蜀人在两千多年前就已走上外向贸易和文化传播的道路。

　　正是由于自三星堆文明时期以来的古蜀工匠们的不断进取与艰苦探索，这才造成尔后汉代"蜀地……女工之业，覆衣天下"的气势。而也正是鉴于蜀中纺织服装业的繁荣景象，使得秦汉时期的中央王朝直接在蜀郡与汉郡设置由朝廷的少府[1]直接掌管的官营纺织工场,以控制纺织服装业这项国家的一大财源,并确保其持续发达与茂盛。《汉书·贡禹传》记载说:"蜀、广汉,主金银器,岁各用五百万。三工官官费五千万,东西织室亦然。"意思是讲少府所掌管的四川东西织室所投入的经费与三工官相当,也达5 000万钱以上,而东西织室所拥有的织工,则也各达数千人。投资规模如此之大,想必为朝廷所赚进项必将数倍于此才划算。

---

1 古代为管山海池泽收入和皇室手工业制造设置的职能机构。

青铜器的文化密码

三星堆的青铜冶铸业是三星堆文明社会极其重要的手工业门类。三星堆的青铜冶铸业表明这样一个事实：早在3 000多年前，古蜀王国的青铜文明就完全可以和商王朝的青铜文明相媲美。

1986年夏天，考古工作者在三星堆遗址的两座"祭祀坑"出土青铜器900余件；2020—2022年又新发掘六个坑，出土青铜器1 200余件。两轮大发掘所出青铜器的类型有：大型青铜雕像群，包括大立人像、扭头跪坐人像、虎头龙身像、人头像、人面具、兽面具、神坛、神树、神兽动物雕像、海洋生物雕像；青铜礼器，如尊、罍、盘；青铜兵器，如三角形援无刃锯齿无胡戈；青铜杂器，如轮形器、龟背形网格状器等。

三星堆青铜文明里的尊、罍、盘等，在中原商代青铜文明里属于重器，是用以表示王朝权威与尊严的系列礼器的部分。当然，这同时也是等级森严的奴隶制度的外在象征。1939年在河南安阳武官村出土的后母戊大方鼎，高1.33米，重达832.84千克，表现出商王室宏大雄浑的统治气象。三星堆青铜礼器的造型也很威严，如二号坑所出六鸟三牛尊、三鸟三羊尊，尖唇，喇叭状侈口，束颈，斜折肩，肩折处立雕精致牛头、羊头及长脖鸟。尊的颈部还饰有3周凸弦纹，肩部饰夔纹，腹上饰有饕餮纹，以云雷纹衬底雕出扉棱。圈足上亦饰有镂孔、弦纹、夔纹及饕餮纹等。而这些造型，包括所加工的装饰纹饰（也表现

三星堆大型青铜立人像

在大型青铜立人像的衣着纹饰上），与中原商文化的同类器物差别较大，却接近于同时期长江中下游青铜尊的风格。它们表明三星堆青铜文明在中原青铜文明之外，也吸收了长江中下游青铜文明的不少因素。

三星堆青铜神树群中的最大一棵（即一号神树）经复原后，通高达3.96米，这是迄今为止全世界出土的形体最大的一件青铜文物。三星堆青铜大立人（疑是国王或巫师的形象）通高2.608米，不算底座则高1.8米，这是迄今为止全世界所见到的最高大的青铜立人像。2021年9月公布的三星堆四号坑出土的三件扭头跪坐青铜人像，"小腿腿部肌肉紧绷，线条优美，体现出整个人是在用力蹬地的状态"；而其直发向天，侧头拊掌状，颇具个性，呈怒目金刚的神态，具有特别的审美价值。

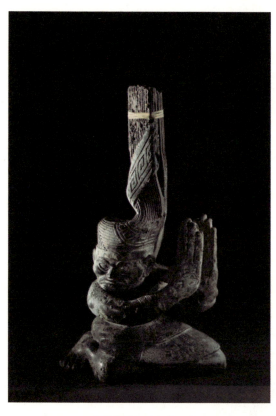

三星堆青铜扭头跪坐人像

2001年,成都金沙遗址亦出土了863件青铜器,与三星堆遗址所出青铜器以大型、精美取胜相比,金沙遗址青铜器则以小巧玲珑见长(如青铜小立人)。古蜀青铜冶铸业在原料配方、铸造技术、雕刻工艺诸方面,都凝聚着古蜀先民的睿智、勤奋、巧夺天工以及严谨而富有创造性的工匠精神，都显示出古蜀先民独具一格的思维能力、审美方法、技术水平，以及高度的组织力与协调性。

三星堆青铜文明的造型艺术，反映出古蜀社会的比较开放的群体意识。以三星堆青铜群雕为例，从整体效果来看，虽仍属圆雕造型，但已趋于向六面体过渡。其大型立人像双脚虽闭合，但双手已分开，一些小跪人像也是如此。它们多反映出一种动感，一种渴求运动与交流的动感，如双手圈握，双手拱握，单腿下跪等。又如三星堆青铜神树，论者也多以为这是古蜀神话中的上达天庭的通天神树，如扶桑树；青铜鸟、青铜鸡、青铜轮形器，也与崇拜太阳、唤醒太阳、追赶太阳有关……正是古蜀人渴求开放，追逐梦想的时代意识（金沙遗址出土的"太阳神鸟"金饰亦反映出这种意识），促使古蜀艺术家们尽管受着宗教文化的束缚，却依然能创造出一种区别于传统观念的、在今天看来仍是富于浪漫主义色彩的艺术作品。

三星堆大型青铜立人像采用商代中晚期广泛使用的分铸技术——分铸法及其在此基础上的浑铸法。分铸法，又分先铸法和后铸法。先铸法，即先铸器物附件，然后把附件放在铸器身的范中和器身铸接一体；后铸法，即先铸器身，再在其上造范，浇铸附件。浑铸法，就是多范合铸法。三星堆大型青铜立人像先采用分铸法，分铸头、躯干、四肢等部位，最后，再与方座及四花瓣状冠冕合铸而成。三星堆大型青铜立人像无论从年代还是规模抑或工艺角度看，都应该是迄今为止所发现的上古世界的青铜雕像之王。它既是古蜀文明的骄傲，更是中华文明的骄傲！

据四川省文物考古研究所曾中懋先生介绍，三星堆青铜制品的冶铸方法，还包括有套铸法、爪铸法、邦铸法、锻打法等。前三种虽也可归属于分铸法之中，但"它们在中原地区出土的殷周时期铜器中，还未曾出现过"。其中，套铸法主要用于器物的圆柱形部分，其在三星堆青铜制品中使用得最多最广泛，如在神树的树干和树枝组合、立人像粗大的双臂组合以及与躯体的组合上，就使用了套铸法。套铸法、爪铸法、邦铸法在三星堆青铜器冶铸工艺中的广泛应用，表明古蜀工匠尽管尚未完全掌握铜锡配比与力学强度的关系，但在实践中却已"粗略地了解锡渗入铜中能够提高铜的硬度。他们将铜人立像使用红铜和含锡量仅为 3.22% 的青铜来铸造，硬度低，塑性好，有利于雕刻衣纹图案便是一个例证。这些方法对加强青铜器的力学强度，特别是受力部分的力学强度，是特别实用和有效的"（曾中懋：《三星堆出土铜器的铸造技术》）。

《周礼·考工记》曾规定了"六齐"，即六种合金配比。其中"钟鼎（乐器、烹饪器类）之齐"所需铜和锡的比例是六比一（即铜占 85.71%，锡占 14.29%）。以下类推，"斧斤（斧子、砍刀类）之齐"的比例是五比一，"戈戟（均为刺杀兵器）之齐"的比例是四比一，"大刃（剑和刀，有很宽的刃）之齐"的比例是三比一，"削杀矢（削杀是小刀，矢是箭头）之齐"的比例是五比二，"鉴燧（镜子、聚光透镜类）之齐"的比例是一比一。这个"六齐"合金规律，是商周中原工匠对青铜冶铸工艺配方的伟大总结。可是，从对三星堆青铜制品的取样分析（根据曾中懋先生公布的资料）来看，三星堆青铜器合金

第五章：匠心之构　265

三星堆青铜戈

配方有的大体接近"六齐"规定，有的却相距甚远。比如一号坑出土的一件铜人头，其下嘴唇的铜占 94.41%，锡占 4.84%，铅占 0.05%；二号坑出土的一件铜罍，其底部的铜占 62.91%，锡占 5.29%，铅占 29.90%；而另一件铜尊沿口处的铜成分却又高达 99.05%。它们均远远高于或低于"钟鼎之齐"铜占六、锡占一的比例规定。一号坑有一件铜戈，在其穿前腹部的铜成分也高达 98.40%；二号坑的一件铜戈尖部，铜的成分占 87.02%，锡的成分是 7.90%，铅的成分是 1.64%。而按"戈戟之齐"的铜锡比例是四比一的规定来套，作为刺杀兵器的戈，其铜的成分应是 80%，锡的成分占 20% 才对。

那么，如何解释三星堆青铜器合金配比的这种对"六齐"规定的既有大体符合，又有大相背悖的现象呢？这里应该有两种答案供选择：一是古蜀工匠在自己的冶铸实践中独立地摸索出一套自己的青铜合金配方规律；二是既有同中原工匠的学习交流，又能根据自己的实际情况（如原料供应，具体器物的实际用途）而因地制宜地进行大胆改进或创新。三星堆青铜制品的原料配方，可能属于后一种情形。

研究者还发现，三星堆出土的青铜制品，含锡量一般都较低。其中含锡量最高的是二号坑出土的一件铜罍的底部和一件铜尊的沿口，分别也不过为合金成分的 10.44% 与 15.71%；与此同时，不少青铜制品的含铅量却很高，如二号坑出土的另一件铜罍的底部，为 29.90%；而二号坑青铜树上的一件果实竟为 32.71%。除少数情形以外，三星堆青铜制品的含锡量一般都远低于含铅量。

三星堆青铜器大量减少锡的用量，使之合金成分呈现为高铜低锡，或者大量加入铅呈现为高铜高铅。这一方面在于节约锡料，降低铸造成本；另一方面，则如前所述，在于有利于铜器铸造的一次成型。当然，在铸制实用器的青铜合金配比中保证一定量的锡成分，是为了使"器物具有精美的外观和一定的力学强度"，但三星堆出土的青铜制品大多不是实用器，而是用于祭祀的祭器。对它们只要求外观和形状就够了。何况"有些器物仅是一次性的使用，对力学强度要求不高，用铅代替锡、掺入铜中，是完全可行的"。这不仅表现出古蜀工匠实事求是、因地制宜的工艺眼光，而且也表明他们同中原工匠一样，"也能分别使用铜、锡、铅三种金属，冶炼出铜锡、铜铅、铜锡铅和铜铅锡等多种合金来"。（曾中懋：《广汉三星堆一、二号祭祀坑出土铜器成分的分析》）

此外，三星堆青铜人头像、青铜人面具以及青铜罍、尊等，多含有磷，如二号坑的一件青铜人面具嘴唇下部含磷0.27%，大型青铜立人像腰部含磷0.71%，二号坑一件青铜尊的上腹部含磷1.92%。对此，上海博物馆研究员谭德睿先生解释说：在中原地区商周的部分礼器中，尤其是精美的工艺品中，也有含磷的情况；三星堆青铜器人像含磷的情况则尤其突出。这表明古蜀人在制造它们时，已对其雕铸难度有所考虑，加入磷，就是为了增加锡青铜的流动性，提高青铜制品的强度、硬度和弹性。至于其他青铜器，如青铜树干等，则未含磷。这说明当时考虑到青铜树干的制造工艺相对并不复杂，尤其是成型后的后期加工技术要容易些，故不必去增多合金的成分。当然，其中可能也含有节约的因素。

对三星堆青铜器的抽样分析亦表明，个别器物的合金成分中有少量的钙元素，如在一棵青铜树的底部中心位置就含有 0.24% 的钙。"在古代青铜器中，大都含有铅，但是含有钙元素的铜铅锡青铜器却从未发现，这算是首例。"而三星堆工匠的这种首创，却是符合现代冶金学的观点的。在现代冶金学看来，在铜铅锡青铜合金中，倘加入少许钙，使之与铅形成难熔化合物，便会起到细化晶粒、抑制重结晶的作用，从而清除铅对铜合金力学强度产生的有害作用，使铜合金具有较高的强度。对那棵青铜树底部中心处的硬度测定表明，其果然具有较高的强度——维氏硬度值为 Hv=60。（参见曾中懋：《广汉三星堆二号祭祀坑出土铜器成分的分析》）

《周礼·考工记》在谈到冶铸青铜合金时还说，在铜和锡的"黑浊之气"消失后，接着就有"黄白之气"；在"黄白之气"消失后，"青白之气"便接踵而来；在"青白之气"过去后，就有"青气"冒出来，只有到这时候才可以铸器。这个经验，是合乎现代冶金学原理的，十分宝贵。因为只有在铜锡合金液出现青色（青气）时，才表明铜、锡已完全融合，可以浇注了。但对这种呈现青色的浇注温度，在当时却是完全凭肉眼观察，这在今天是很难想象的。可是，三星堆工匠表现出了超凡的观察力和把握力，从而保证了铜液的充型能力，使青铜制品上的纹饰十分清晰（以大型青铜立人像衣服后摆上的纹饰为代表）。大量的青铜人头像也是这样才保证了它们的光洁度的——即使经过 3 000 多年的埋藏，在经过除锈清洗后，也依旧闪闪发光。这是真正的炉火纯青所致。

第五章：匠心之构

　　《荀子·强国篇》曾说过：青铜工艺品的创作成功，当得力于"刑（型）范正，金（铜）锡美，工冶巧，火齐得"。三星堆青铜器之所以令后人叹为观止，正在于它的创作者们无论对铸范的制作、合金原料的选择，还是对冶铸的技巧、火候的调节，都是十分精当、娴熟和得心应手的。

　　在三星堆遗址，发现有大量铸出铜器后取出的模具（范土）碎块（即所谓红烧土）以及大量熔炼青铜器后遗留下来的炼渣（铜渣）。这表明三星堆遗址就是所出大型青铜器的作坊或工场。那么，它们的青铜原料来自何方呢？

　　须知成都平原上是不产铜的，不过《华阳国志·蜀志》却说，蜀地"其宝则有……铜、铁、铅、锡……之饶""家有盐铜之利"。据该书的记载，汉晋时期今荥经及西昌一带有铜矿，现在西昌黄连观也发现有汉代的冶铜遗址，它们似有可能是三星堆青铜器的原料供应地，不过，距离有数百里之遥。而据王树英先生介绍，中国科学院有关部门对三星堆青铜器取样分析，其铜料可能来自云南地区。曾中懋先生也分析说，三星堆青铜器的铅，来自云南。这无疑证明这样一个事实，即三星堆文明时期的古蜀国具有比较发达的运输能力和通商能力！而与此相应，这时的古蜀人从采矿、运输到配方、冶铸，已形成一个比较完善和科学的生产体系。

　　此外，20世纪80年代中期于三峡库区文物考古工作中有一项重要发现，即在巫山县（今属重庆市）双堰塘巴人遗址南侧的大宁河里发现有一个堪与三星堆青铜器媲美的青铜尊及古铜矿遗址与冶铜遗迹。

结合其他资料分析后,我们可以这样认为,早在商周时期,在今重庆地域就已形成了一条铜文化带,其东端在巫山腹地(可顺江延至长江中游的今湖北大冶市的铜绿山),西端则在重庆铜梁山—铜罐驿。

左思《蜀都赋》说"外负铜梁于宕渠"。据任乃强先生考,今重庆直辖市境内的华蓥山脉,古代产铜,古称铜梁山。唐武后长安四年(公元704年)置铜梁县,乃因山名。汉时尚能产铜。其铜用人力运至长江,舟运出川。位处长江边的重庆市巴南区"铜罐驿"(疑为"铜官驿"之讹),即古铜官监运处。

正是基于商周时期从重庆铜梁山—铜罐驿至巫山腹地的这条铜文化带的存在这个事实,基于古蜀人与古巴人所结成的长期战略伙伴关系,笔者认为,三星堆青铜器的原料,除了来自古"蜀布之路"上的川西荥经、川南西昌以及云南外,还可能来自这条以长江为依托的铜文化带。杨华先生更认为:当时铸造三星堆青铜器的原料来源,还包括巫山以远即长江中游地区。"古人在长江中游一带采得了矿料,冶炼成铜锭,通过长江这条天然的水道溯江而上,穿过三峡(长江三峡地区的航运早在新石器时代中期就已经开通)来到重庆,再沿涪江、沱江、岷江等河流进入川西。由东边长江中游而来的不仅有相当数量的矿料,同时也可能有大批的冶铸青铜器的艺术工匠。他们与古蜀地居民一起共同创造了中国西南的文明史。"(《对川西地区早期青铜器铸造原料来源问题的研究及其认识》)

孙华先生亦撰文写道:"实际上,如果不囿于四川一隅,放眼看一下商代中国中原青铜文化系统的发展过程及其对于南方长江流域的影响情况，四川盆地青铜文化的兴起就可以得到合理的解释。"孙华认为，商文化"到了二里岗上层期，其分布区就已东到大海，西入关中，北越长城，南过长江……"（《关于三星堆器物若干问题的辩证（续）》）孙华先生此论，意在说明三星堆青铜文明属于商代青铜文明的一部分，因此前者是在后者的影响、推动下发展起来的。这既包括铜料的供给，也包括冶铸技术的传播及携带这些技术的青铜工匠的到来。孙华与杨华二位先生，从不同角度强调了黄河青铜文明与长江中游青铜文明对三星堆的影响。这自有其合理性的一面，但是我们必须首先看到古蜀工匠在青铜文明上的首创精神，认可古蜀人对中国青铜文明所做出的伟大贡献。

商代后期，中国青铜文明审美艺术及铸造技术都得到很大的提高，其以安阳殷墟、安徽阜南、湖南宁乡、江西新干等地出土的青铜器为典型代表。尽管如此，商代的青铜器铸造业仍主要以制造兵器、生产生活工具、礼乐器为主，成批制造青铜人像乃至形成青铜雕像群的记录，在三星堆一、二号"祭祀坑"发掘以前，还未出现过。正是在这种背景下，三星堆遗址八个坑出土的造型各异的大批青铜人像，才会两度惊天下，给整个历史界、考古界、美术界、冶铸工艺界带来巨大的冲击力，形成洪波迭涌的壮阔的"三星堆热"。显而易见，三星堆青铜雕像群为人类雕塑史研究，提供了前所未有的新鲜资料。它最直接的意义，是将典籍所述发轫于秦始皇"金人十二"的中国青铜人像造型艺术史，上推了近 1 000 年，从而填补了中国造型艺术史上早期无青铜人体艺术品的空白。

三星堆青铜文明以一个充满神秘性、充满想象性的有机构成及人性与神性的统一，抽象与具体的统一，将自己与东西方其他青铜文明区别开来，从而在中国青铜文明史上建立了一个辨识度极高的表达范式。

"人啊，认识你自己！"——这是刻在希腊特尔斐古城阿波罗神殿上的一句话。三星堆青铜文明最不同凡响之处，就是在商周之际的中国西部率先举起了"认识自己"的人文主义大旗。我们看那数十个栩栩如生的人头和面具（包括金面具），或风流倜傥，或愁眉苦脸，或似笑非笑，或若有所思。那八号坑神坛上抬杆架杠的四力士，青筋暴跳，步履沉重，似乎肩扛十万大山艰难行进，却丝毫没有回头或"躺平"的意思。四号坑的三具扭头跪坐人像，个个怒发冲冠，咬牙抿唇，扭头合掌，落地生威，似乎在向不平等的社会大声喊："不！"而与之相呼应的是二号坑那高达 1.8 米的大立人像，其宽厚的大手空握无名物体（可能是显示权力的重器），亭亭然如玉树临风，默默然似青山无语，神态却像胸有百万雄兵，直指星辰大海。至于三位已被证实的女性形象：一号坑的那位 Aa 型青铜面像，柳眉杏眼，嘴角轻扬，脸上写满柔情，以蒙娜丽莎似的微笑呼唤和平；二号坑那顶尊跪坐人像，虽忍辱负重，却沉静如水，显出母性特有的坚忍与温馨；八号坑神坛四力士之间的背叠小人，腰扎蝴蝶结，似像行走在乡间小路上的村妇，猛然面对一个崭新的世界，惶惑之间又多是好奇与向往……

第五章：匠心之构　273

三星堆青铜女性人头像

三星堆青铜平顶人头像

三星堆戴盔青铜人头像

三星堆青铜盘辫人头像

三星堆青铜跪坐人像（1）

三星堆青铜跪坐人像（2）

马克思、恩格斯说过:"全部人类历史的第一个前提无疑是有生命的个人的存在。"(《德意志意识形态》)三星堆的工匠和艺术家们以宏伟的青铜人物群像展现了古蜀社会的多维面相,表现了社会各阶层的个性特征及生活情态,揭示了人存在的意义与生命的旨趣。更为重要的是,他们在人与神的纠缠杯葛中挣脱出来,认识了自己,从而大写了人,"把人当成人"(郭沫若《屈原研究》),突出了人的地位,表达了人的个性、人的喜怒哀乐和爱恨情仇,展示了人的精神需求和美好愿景。这样的人文高度、历史深度、美学厚度,在三星堆以前的文明及同时期的其他文明中还没有出现过。

郁郁乎文哉!三星堆青铜文明不愧是古蜀文明最高扬的旗帜!

2024 年 7 月 22 日夜
完稿于子规庐